U0022404

人類文明小百科

Les hommes préhistoriques

史前人類

JEAN-JACQUES HUBLIN 著

韋德福 譯

 三民書局

À Angelina

Crédits photographiques

Couverture : p. 1 au premier plan, reconstitution de « Lucy » due à W. Munns, Muséum d'Histoire naturelle, © Francis Petter ; à l'arrière-plan, bison polychrome, grotte d'Altamira (Espagne), relevé au pastel par l'abbé Henri Breuil en 1902, © J. Oster / musée de l'Homme ; p. 4 feuille de laurier solutréenne en silex, © D. Ponsard / musée de l'Homme.

Ouvertures de parties et folios : pp. 4-5 *Les Hommes préhistoriques chassant l'ours*, tableau par Emmannuel Benner, 1892, musée Unterlinden à Colmar, © Lauros / Giraudon ; pp. 30-31 vallée de l'Omo, © Jean Guy Jules / ANA ; pp. reconstitution du site de Terra Amata, dessin de M. Wilson, © H. de Lumley ; pp. 62-63 chevaux ponctués et mains au pochoir, peinture rupestre de la grotte de Pech-merle (Lot, France), © Delon / Pix.

Pages intérieures : p. 6 © J.-J. Hublin ; p. 7 Rino Ferrari in : *La Domenica del Corriere* 1956, © Explorer ; p. 8 musée régional du Rhin à Bonn, © Dagli Orti ; p. 9a © John Reader / Cosmos ; p. 9b musée Boucher de Perthes à Abbeville, © musée de l'Homme ; p. 10 © Bader / musée de l'Homme ; p. 11a © Georg Gerster / Rapho ; p. 11b musée des Antiquités nationales à St-Germain-en-Laye, © RMN ; p. 13 © Smithsonian Institution à Washington ; p. 14a et b © J.-J. Hublin ; p. 15a © J.-J. Hublin ; p. 15b © H. de Lumley / musée de l'Homme ; p. 16a et b © M. Chech ; p. 17a © J.-J. Hublin ; p. 17b © M. Chech ; p. 19 © musée de l'Homme ; p. 20a et b © J.-J. Hublin ; p. 22 © J.-J. Hublin ; p. 23 © J. Wexler / Jacana ; p. 26 J. Salette / musée de l'Homme ; p. 27 J. Hinde / Pix ; p. 28 *Vie de l'homme préhistorique*, gravure allemande de 1886, BNF, © Jean-Louis Charmet ; p. 29 © J.-J. Hublin ; p. 32 © S. Stammers / Cosmos ; p. 33 © Cosmos ; p. 34 Ken Edward / Cosmos ; p. 35 James King-Holmes / ICRF ; p. 36 © John Reader / Cosmos ; p. 37 © J.-J. Hublin ; p. 38 John Reader / Cosmos ; p. 40 © Christian Zuber ; p. 41 © J. Oster / musée de l'Homme ; p. 43 John Reader / Cosmos ; p. 44 © J.-J. Hublin ; p. 45 John Reader / Cosmos ; p. 48 © J.-J. Hublin ; p. 53 © Charles Lenars ; p. 54a © National History Museum Londres ; p. 54b © J.-J. Hublin ; p. 55 © J.-J. Hublin ; p. 57 © John Reader / Cosmos ; p. 58a et b © J.-J. Hublin ; p. 60 © Vandermeersch ; p. 61 dessin d'A. C. Blanc ; p. 64 © B. Hatala / musée de l'Homme ; p. 65 © Vandermeersch ; p. 66 © J.-J. Hublin ; p. 67 © J.-J. Hublin ; p. 70 © J.-J. Hublin ; p. 71 musée des Antiquités nationales, St-Germain-en-Laye ; p. 72 musée des Antiquités nationales, St-Germain-en-Laye, © Explorer ; p. 73 © musée des Antiquités nationales, St-Germain-en-Laye ; p. 74 © musée des Antiquités nationales, St-Germain-en-Laye ; p. 76 © J. Oster / musée de l'Homme ; p. 77 © M. Babay / Artephot ; p. 78a musée des Antiquités nationales, St-Germain-en-Laye, © RMN ; p. 78b © D. Destable / musée de l'Homme ; p. 79a musée des Antiquités nationales, St-Germain-en-Laye, © G. Blot / RMN ; p. 79b © Charles Lenars ; p. 82 © J.-J. Hublin ; p. 83 musée du Louvre, © Dagli Orti ; p. 85a © Zetas / musée de l'Homme ; p. 85b © Carl Purcel / Rapho ; p. 85c © Georg Gerster / Rapho ; p. 85d © Gérard Sionen / Rapho ; p. 88a musée des Antiquités nationales, St-Germain-en-Laye, © RMN ; p. 88b © Jean Guy Jules / ANA ; p. 89 © Ernst Haas / Magnum ; p. 90a © M. Dusart / Pix ; p. 90b © J. Labbé / Pix ; p. 91a et b © Jean Clottes, ministère de la Culture et de la Francophonie.

Couverture (conception-réalisation) : Jérôme Faucheux.
Intérieur (conception-maquette) : Marie-Christine Carini.
Réalisation PAO et photogravure : FNG.
Illustrations : Gilles Tosello.
Cartographie : Hachette Classiques.

©Hachette Livre, 1995.

43 quai de Grenelle

75905 Paris Cedex15

發現過去 4

    蒙昧時代 6

    年輕的科學 8

    尋找化石 10

    發掘 14

    古生物實驗室 16

    被遺忘的甦醒 18

    確定化石年代 20

    重現昔日環境 22

    冰期的塞納河谷 24

    人類活動探源 26

從猿至人 30

    為何進化? 32

    非洲搖籃 36

    從南方古猿至人 39

    非洲型南方古猿；粗壯型南方古猿 40

    稀樹乾草原上的新狩獵者 43

人類發展 46

    征服世界 48

    非洲之外 50

    直立奧莫人的日常生活 52

    人類的表親，尼安德塔人 56

    尼安德塔獵手 59

    死亡儀式 60

「今人」 62

    今人探源 64

    今人的擴張 68

    新武器 70

    骨器加工 74

    舊石器時代的藝術 76

    獵鹿者的營地 80

    冰期結束 82

    今人種種 84

    年表 86

    補充知識 88

    小小詞庫 93

    索引 95

目

次

蒙昧時代

年輕的科學

尋找化石

發掘

古生物實驗室

被遺忘的甦醒

確定化石年代

重現昔日環境

人類活動探源

磨光石斧

在古代人們的眼中，這
些玉石似乎產自於雷
電，而且還一直帶著雷
電的光澤。因此，若將
這些玉石埋入牆中或放
於門框底下，據說能保
護房屋免遭雷擊。

玉石和蛇舌簇

早在古代，史前時代留下的那些奇形怪狀的
工具，就引起人們的濃厚興趣；其中，表面
磨光的石斧和種種箭鏃尤其使人感到新鮮。
據說那些「玉石*」工具是由雷擊造成的。事
實上，它們確實也多半在被暴雨沖刷的溝壑
原野裏出土。直到20世紀，這種發掘熱仍然
不退，因為有人相信它們具有奇妙的功能。

　　「蛇舌鏃*」也屬於同樣情況。從字面看，
它的意思是「殭化的蛇舌」。其實，它是用燧
石打製的箭頭。隨著地點時代的不同，人們
有時將它們看作護身符。據說它們有避雷、
袪災、防腎病甚至還有幫助分娩的魔力。

艱難的開端

在若干世紀中，《聖經》是解釋人類起源的唯
一著作。愛爾蘭大主教尤歇在研究《聖經》
之後，宣稱人類起源的確切日期是：紀元前
4004年！這個日期大致相當於金屬時代初
期，或在近東地區出現文字的時期。從今天
看，這位大主教的立論未免顯得太缺乏根據
了！

6

發現過去

註：帶星號*的字可在書後的「小小詞庫」中找到。

首先反對這個觀點的是持進化論說*的兩位學者：先有拉馬克，後是達爾文（見 p. 33）。達爾文認為，人類應起源於更原始的靈長目*動物。他的這種人類同猿猴有密切關係的觀點，在19世紀當時很難被人接受，教會更是激烈反對。

然而，在同一時期，與現代人有很大差異的史前人類化石*陸續出土，達爾文的觀點才開始得到人們的認同。

雪人

長久以來，人們總以為在自然界裡存在著一種身披長毛、形似動物的同類。這是1956年刊登在一份義大利報紙上的插圖，圖中一位地質學家正在追蹤「可惡的雪人」。

發現過去

史前考古發端

研究那些曾經在遙遠的古代存在過,而現在已經滅絕了的某些人類和動物的學問,稱為史前考古學*。有關的科學爭論,足足持續了一個多世紀。

約翰·弗雷爾(1797年)和菲利浦·查爾斯·施梅靈(1833年),最早觀察到人打製的燧石與動物化石*有某種聯繫,但是他們的工作鮮為人知。後來,由於自然史研究者皮加爾·布歇德貝特的不斷搜集,當時的人們終於接受了這個事實。巴黎的學者們起先對他的工作不屑一顧,而他卻從 1836 年起,不停地收集燧石標本,不過起初他也以為這只是具有通靈魔法的玩意兒。後來他終於使人們認識到這些石頭的重要性。英國和法國的學者們紛紛登門造訪;當然,史前人類的真正發現,還需要更多的時間……。

尼安德塔人

真正引起大家注意的史前人類的發現,是 1856 年在德國杜塞爾多夫附近出土的尼安德塔人化石。當時,幾位採石工挖出了形狀奇怪的人類骨骼。當地的一位自然史學者收藏了其中包括頭骨在內的一部分人骨化石。其實,人類化石*在此之前即有所發現。例如,

尼安德塔人的顱頂骨
顱頂很低,前額傾斜,眉峰骨突出,眼眶部大而鼓起,枕骨延長:這些是尼安德塔人的特點。

8

發現過去

1830 年，在比利時的昂吉斯以及在直布羅陀，都曾挖出過人類化石。但被當時學者們一致公認的重大發現，則是尼安德塔人化石。雖然已經有了這麼多的發現，還是有很多人對此不以為然，有的說這僅是一位現代畸形人的殘骸，更有人稱他是一名哥薩克人！

後來，在1865年，人們在比利時的「諾列特洞」發現了人的大下頷骨，它的古老性不容置疑。這件標本沒有下巴。同時出土的還有毛象、犀牛、鹿等動物的化石。最後，在1886年，人們在比利時的斯比發現了兩副頭骨，同時出土的也有今天已經滅絕的動物物種。這些發現的共同點是：它們與30年前在尼安德塔出土的化石完全一致。這樣，在現代人類出現之前，還存在過某種的人類集體這件史實，終於得到證實。人類古生物學*，這門探索物種起源的科學終於誕生，它的年齡至今才只有一個世紀多一點而已。

直布羅陀人的頭骨

1848年在直布羅陀發現這件標本時，科學家們對史前人類存在的事實並不清楚。一直到1864年，英國地質學家G·博斯克才提醒人們注意：他與現代人的頭骨有所不同。

雅克·布歇德貝特
(1788–1868)

他是法國阿布維爾城的海關主管，也是一位業餘詩人。他花了近30年的時間在索姆省採石坑*裏沒完沒了地搜集燧石標本。這位先驅者天真地用通靈術解釋他所發現的東西，並企圖藉此與「大洪水時代前的人類」溝通。因此，他招來不少非議。

發現過去

尋找化石

**桑吉爾遺骨
（俄羅斯）**

在若干舊石器時代*的墓地裏，死者的飾物相當豐富。圖中的珍珠飾物或許是掛在服裝上的，而服裝現在已經不在了。

發現過去

化石*（齒、骨骼、破碎的或不太完整的骨架）幫助人們重建人類史和了解我們先人的情況，它們被保存在悠悠歲月沉積下來的地層裏。一般來說，舊石器時代*人類遺留的燧石標本分布較廣，數量也多至以千計算；相反地，古人類骨化石的發現則極為罕見。

稀罕的發現

動物死後是否能成為化石，會因其生活方式的不同而有很大的變化。只有在環境適宜的條件下和死後迅速被埋葬，骨骼才得以保存。這也就是為什麼水生動物往往比陸地動物有更好的條件成為化石，因為前者的遺體較容易被泥漿所包裹。除非是被淹死的，不然，陸地動物的遺骸總是散亂和被毀壞，不過洪水和暴雨沖刷導致泥漿沉積，倒也有助於化石形成。因此，就人類史前階段早期而言，我們所掌握的化石極少，實際上只有若干零碎的骨片和單獨的頭骨化石。人類一旦進入埋葬死人的時代，遺骨就比較容易被發現。因為埋葬使遺骨得以完整保存。

人類化石*難覓的第二個理由是：古人類的分布範圍要遠比現代人小得多；而且，古人類的數量究竟有多少，也始終難以估計。不過有人認為，在六萬年前，亦即在尼安德塔人時代，全歐洲人類總數不會超過16萬人。

考古工作者在奧莫河谷

東非化石地層*中的標本如此豐富，因此吸引著一批又一批的古生物學家*前來考察原始人科*。

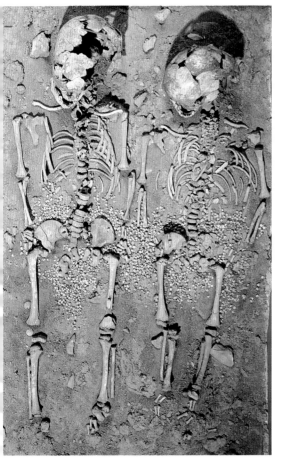

格里馬爾蒂洞窟中的兒童骨化石（義大利）

我們發現了為數不少的舊石器時代*兒童骨骼化石，與成人化石比較起來，它們更脆弱也更難以保存。

11

發現過去

偶然的發現

在各個地區、採石場、建築工地，每年總有一些史前遺物出土。偶爾，遇到化石地層*，還能發現人類的遺骨。1976年，法國北部的比亞施—聖—瓦斯特地方擴建一座軋鋼廠，人們在工地上發掘到屬於最後一期冰期*前時代的大量化石*。

科學工作者在文物出土時往往不在現場。因此很多標本不是遺失就是被毀壞。有些工人因為不願看到無名先人的遺骸暴露在光天化日下，於是又立即將他們掩埋起來。

除這種偶爾的發現外，也有有系統的科學勘查：每個洞窟、每個景點，假若被認定有可能存在遺骨，就會進行探測甚至挖掘。

在不知名的和荒寂的地區，首先由地質學*工作者借助航測探查，並製作地表露頭地圖。接下來，人類古生物學家*據此尋找化石地層，而考古學家*則設法確定古人類製作工具和活動的地點。

真正的發掘往往很遲才能開始。假定事情涉及古人類的聚居地，發掘工作更需極端細心和謹慎：因為，所謂發掘，其實是「為研究而摧毀」。不可能有第二次細細分析的機會，所有在挖掘過程中沒有搜集到的信息，很可能就永遠再也搜集不到了。

在1912年，一位名叫查爾斯·道遜的業餘考古工作者在英國的皮爾頓發掘出一批神秘的頭骨殘片。「皮爾頓人」於是名噪一時，科學家們為它激烈爭論了四十多年，但真相卻是⋯⋯到了1953年，透過對殘片中氟含量的測定，人們證實這其實是一批精心仿製的假貨：頭蓋骨取自現代人，下顎骨則是黑猩猩的，牙齒帶銼痕。當時的一些名流也捲入到這件醜聞中。這類贗品在今天只能存在於回憶中了。現代理化測定化石年代的技術已臻完善，類似的欺騙很難再得逞。

12

發現過去

卡伯韋人化石的發現
（尚比亞）

1912年，一名鋅礦工人在工作中發現了它。這僅僅是無數偶然的考古發現的一個例子。發現者並非專家。由此帶來的問題是：人們經常無法確定化石*的確切來源，也難以弄清楚它們與其它工具化石或動物骨骸的關係。這件化石的年齡始終是個謎。

發現過去

篩選

對化石地層*中尋獲的
沉積物須仔細地予以篩
選，並將細小物件（碎
骨片、燧石、齒、小動
物的骨骸等）收集起來。
就發掘者而言，這些小
化石的價值並不亞於轟
動一時的工具或骨化石
的發現，因為小東西往
往包含著關於聚居區或
環境條件的眾多信息。

馬格達連文化*的
表土層剝離
（法國埃松省，
埃特瓦勒）

將一定厚度的表土大面
積剝離，直至再現數千
年前的地表實況：各種
工具、燧石碎片、骨骸
以及分散的炭爐，應有
盡有，一切悉如原樣。
由此，人們可以重建當
時的茅棚、製作燧石的
工具間、曬場、宿營地
和灶位，從而深入到史
前狩獵者們的日常生活
中去。

14

發現過去

發掘
(法國洛特省，費約)

在對地層作系統發掘前需先進行定位，其方法就像兒童海戰遊戲中的劃格子。每個方塊都用字母和數字編號。方塊中的所有發現物也要編號、標示高度和記入地圖。這樣，發掘工作結束後，人們可以輕而易舉地重現遺物的分布情形。

托達萬爾
人頭骨出土
(法國東庇里牛斯省)

人科*遺物的出土極為稀罕，對古人類學家*而言，這是長達數月甚至數年辛勤工作的最好報償。面對如此珍貴的標本，在發掘時自然要非常的小心謹慎了。

15

發現過去

古生物實驗室

猶如拼板遊戲！

發掘之後，下一步的工作是拼組化石。這需要豐富的解剖學知識。由此，再細小的骨片也能復位。

用石膏複製！

對於重要的發現還需作精確的石膏鑄模。這樣，研究者們既可分析材料本身，又能將它們與世界其他地方的發現物作比較。

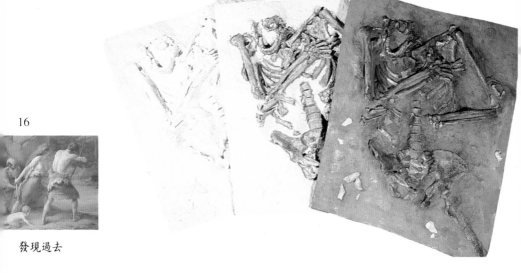

16

發現過去

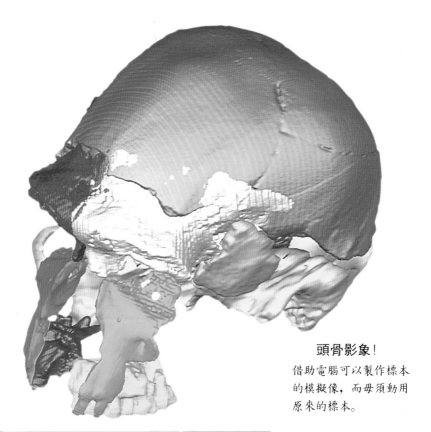

頭骨影象！

借助電腦可以製作標本
的模擬像，而毋須動用
原來的標本。

手工繪製！

對將要在畫廊和博物館
公開展示的各種標本，
例如，工具、動物遺骸、
藝術品、人類化石*的複
製品等等，可作上色處
理。

發現過去

被遺忘的甦醒

從化石上發出的訊息

瞧,在人類古生物學家*的工作臺上有幾塊化石碎片,它們屬於數十萬年前的某一種生物。乍看之下並不起眼,但在研究者的眼中,它們包含著豐富的信息。碎片上這一處的特點,那一處的標記,憑著這些痕跡,行家們就能將新發現的化石*歸入人類譜系中的相應位置──不過,我們還是先來看看研究者們如何依據蛛絲馬跡,使被歲月湮沒的生物重見天日吧!

當「他」被洪水捲走,或者被埋葬在某個山洞時,「他」的年齡有多大?假若「他」是兒童,回答這樣的問題只需要看看齒型就能找到答案:齒胚,然後是應長在下顎骨內側的齒根。當「他」再長大時,齒冠應穿出齒齦。就現代人而言,每顆齒的形成和出現都有特定的時間。

用顯微鏡觀察,牙齒的表面由釉質覆蓋,精細且帶許多層次,並形成所謂的褶皺。釉質的構成和分布能使我們了解人的生長速度。當然,在不同類型的化石之間,這種生長速度也不相同。

各塊顱骨在生長過程中相互密合,骨縫從而漸漸消失。在判別年代較近的化石的年齡時,這是常用的方法。至於對年代久遠的化石*而言,這項技術就不大適用了。

18

發現過去

誰的化石,是男子的還是女子的?在大多數情況下,透過骨骼分析就可以找到答案。男子的頭骨通常較堅固,突起也較明顯。但最可靠的分析還是看骨盆。不同性別的骨盆差異很大。

假若搜集到相對較完整的骨骼標本時，其重量和大小也成為鑒定的重要依據。再者，對顱骨，特別是面骨的分析，有助於了解我們祖先的面容。

古生物學家*當醫生

對骨骼作詳細分析，往往能獲知患者的病狀或者受傷的程度，由此，我們了解到舊石器時代*的人類常受風濕和關節炎的折磨。但是，對現代人十分普遍的齲齒，在較古老的人類中幾乎沒有，只有在相對較近的化石中才出現。有一個例外：在尚比亞發現的卡伯韋人化石，其生存年代距今有40萬年，但今存的標本上所有的牙齒均是齲齒（見 p. 13）。

在那些時代當然談不上什麼醫療保健。一個普通的肩關節脫臼，就可能造成終身殘廢。這樣的病例在舊石器時代晚期的尚塞拉德人化石中發現過。另外，更古老的薩雷化石（距今35萬年）是一個成年女性，她出生時頸部發育變形，但她卻存活了下來。這說明，在人類祖先生活的遙遠年代，一個殘疾兒童也有活下來的機會。這大概是受到群落集體關懷的結果。

插有箭簇的胸骨

史前化石中帶有暴力痕跡的發現極為罕見。

19

發現過去

確定化石年代

岩熊的下頜骨

有的骨骸化石*中還殘存著有機質,從而使年代測定和遺傳分析更為方便。

使人目眩的悠悠歲月

幾萬幾千年,幾百萬年,寫起來很輕鬆,但是,人類古生物學家*用來表達史前階段的巨大時間單位,一般人很難有真切的體會。假如我們把在非洲某地發現第一件打磨工具的時間作為起點,將從這起點到現在的時間壓

發現過去

地層剖面

發掘結果顯示在疊積的地層裏,各個地層包含著不同類型的打造工具,由此可獲知不同工藝*發展的時間順序。

縮為一年，那麼，人類是在該年的12月30日到31日的深夜進入金屬時代，而凱撒率領羅馬軍團進占高盧的時間則是12月31日下午5點。

相對年代和絕對年代

從地質學*誕生之日起，如何確定地層年齡就成為必需解決的問題。對此，過去和現在一直遵循的最簡單原則是：對於疊積的各個地層，排除變形情況，通常是愈底處的地層愈古老，越近地面的地層越年輕。在具體操作上，將新發現的沉積層和已知的地層標尺作比較，就可推算出相對應的年代。科學家通常用特定地層包含的動物圈的特點，作為地層標尺的標記。

這就是「相對年代」，它可以顯示出各個地層相互之間的時間關係，但無法表達各個地層的確切年代。為了解決後一個問題，科學家們採用各種物理測定手段，其中主要是依據所含物質的衰減速度推算。碳14測定法*是最常用的一種，另外還有鉀和鈾測定法。不同方法其實只適用於不同的時間段，因而科學家們始終在探尋新的測定法，以填補現有年代測定法的「漏洞」。

大氣圈中的二氧化碳裏含有很小比例的放射性碳，碳14即為其中之一。它隨著生物呼吸而進入其體內，並且在所有組織中含量比例不變。但生物死亡後便不再呼吸和吸收碳14，而那些已經固定在體內的碳14則以一種已知的速度逐漸衰減。從帶放射性的碳14轉變為不帶放射性的碳12需5730年。為了確定骨化石或碳化石的年齡，只要測定化石中尚存的碳14含量即可算出。不過，年齡超過4萬年的化石幾乎不再含有放射性碳，因而這個辦法也就不適用了。

21

發現過去

重現昔日環境

劍形帶尖牙的貓科動物頭骨化石

這種可怕的食肉動物在第四紀*時與人類共生。它的化石提醒我們：人類雖然是最早的狩獵者，但有時不免也淪為獵物。

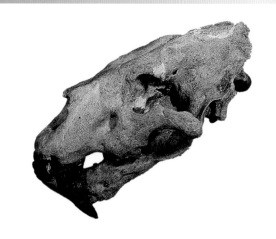

何種景象？

依據動、植物的化石*，科學家們得以重建昔日環境。沉積物所處地的特殊條件，也提供了寶貴的線索。

大型動物的骨骸伴隨著石製工具一起出土，數量往往很豐富。但是小心，這有可能使人對環境作出錯誤的判斷。在某些時代，人類的先人只對若干特定的動物比如鹿感興趣，狩獵對象專一。幸好，動物圈化石地層*的存在，使我們也能獲知那些人類未曾涉足過的某種年代的動物界的狀況。

在人類的聚居地，除了發現那些被當作食物的動物的骨骸外，還有某些小型動物的化石。譬如那些人類並未主動將它們引入聚居地的嚙齒動物、食蟲動物、蜥蜴、蛇類等。科學家們十分小心地採集和研究這些標本，

22

發現過去

化石有時也能告訴我們一些有趣的故事：在爪哇發現的直立人化石中，其中一塊人類顎骨有被鱷魚咬過的痕跡。或許，正因為鱷魚胃口大開，我們才能在河流的淤泥化石層中發現人類化石。

因為它們也提供了有關環境和所處年代的寶貴信息。大型食肉動物的化石也是如此。雖然這些動物往往與人類交替占領地盤、攪亂地表，但卻也留下自己的骨骸、它們的獵物的或者自己小孩的骨骸。

何種氣候？

第三紀*末期的氣候相對較暖，而第四紀氣候的最大特點是寒冷期、熱期和溫暖期輪番交替。

距今90萬年前的「冰期*」往往又被所謂「間冰期*」間隔，在間冰期氣候要溫暖得多。造成這種現象的原因在於地球繞日軌道發生變動。

人們知道氣候對動物圈和植物圈有重大影響，但它同樣也影響到地質變化。在「寒冷期」，巨大的冰川覆蓋著歐洲、亞洲和美洲的北部區域，高原地帶是一片冰雪世界。這些巨大的冰川隔阻著人類的交往。在海洋裏則無此類大冰川，而且，那時的海水水位要低得多。因此，從歐洲大陸前往英格蘭很容易。在那時，拉芒什海峽在那時是徹底乾涸的；泰晤士河和塞納河合流後，流入海中。

如果說人類無法使氣候發生徹底變化，那麼人類更無法逃避另一個冰期的到來。我們今天正處在自1萬年前開始的間冰期中；再過2萬年，另一個冰期又要到了！

柳樹花粉（雄花）

花粉壁很堅韌，可歷經百萬年而不受損傷，在化石層積層*中常常發現：一株花就能產生數以百萬計的這種微粒。它們隨風到處散布，人們可在化石層中發現並用顯微鏡分析。這些微粒很容易辨認，它們顯示出當時植物環境的確切情況。

23

發現過去

24

發現過去

冰期的塞納河谷

距今40萬年前，冰期現象十分顯著。因而，在歐洲，馴鹿、毛象和披毛犀牛等動物逐漸取代河馬和象。在德國的北部和英

格蘭等地，巨大的冰川一望無際。即使再往南數百公里，大地依然深深封凍，冬夏不分。主要的河系結構徹底改變。在法國中央山地，刺骨寒風陣陣吹來，寒風裏挾著雪粒和微塵在北部漸漸沉降。這就是今天肥沃的巴黎盆地的由來。

而人類為躲避寒冷，不斷遷徙。不過，寒冷的大草原上獵物豐富，那裏是舊石器時代*人類狩獵的主要場所。

發現過去

頓修底部落的舞者
尼安德塔人的最後一代曾大量使用顏料。在他們的住處發現許多的帶色殘片，其中還有狀如鉛筆的工具。但是，在莫斯特時代*人的洞窟裏，卻從沒有發現過岩畫。顏料通常使用在像木頭、皮革等不易保存的材料上，甚至用來化妝皮膚。

26

發現過去

不完整的工具清單

還好有工藝*的存在，現代人才能了解史前人類的生活。在先民們的住處，除了發現描述狩獵場景的圖畫之外，還有大量石製工具。它們全部使用硬質石頭作原料，譬如石英、硅岩、碧玉、細砂岩、火成岩等，但用得最多的是燧石。

別因為留存下來的石製工具數量比較多，就以為當時只有石製工具，石製工具當然易於保存，但除它們之外，很可能還有大量用其它不耐久的材料——如木頭製作的器具。要證明這一點並不難，我們可以觀察石器時代的部落使用工具的情形：弓、箭、大

頭棒、長矛、吹管槍、皮壺、木壺、樹皮壺、套索等等，這些僅僅是游牧部落武器中的一部分，很難經得住歲月的耗蝕。木質長矛（見 p. 54）的發現，在舊石器時代 * 遺物中實在是極為罕見。

鹿角和鹿骨雖然不能像石頭那樣耐久，但只要條件合適，也可以保存相當長的時間。我們的祖先曾經廣泛地使用過這種材料（見 p. 74）。

澳大利亞土著

若干土著部落至今仍生活在狩獵－採集階段。或許，這種經濟模式對舊石器時代的研究可以提供線索；但是並非絕對的，畢竟在2萬年、5萬年或者20萬年前的歐洲，人類的生存環境同今日的澳大利亞迥然不同。

27

發現過去

史前景象

在19世紀，由於對史前情況了解有限，藝術家們盡情發揮自己的想像。此圖為德國的一幅版畫，作於1886年。

28

發現過去

關於重建的假設

在很長一段時間裏，史前人類史的研究主要局限在搜集燧石工具、骨器和隨後的分類。分類的工作量有時十分龐大，需要仔細辨別、排列順序和歸納其所屬的工藝*時代，而重建舊石器時代*日常生活情景的工作則多半憑豐富的想像力，於是，現今尚處在「原始階段」的部落常被挪來作參照物。由於缺少確

切的資料，這種想像經常是澳大利亞土著、亞馬遜河流域印第安人以及愛斯基摩人日常生活的「大雜燴」，然而這個結果卻被當成更新世*內容的背景。其實，現代觀察到的境況與史前環境相吻合的地方，可以說少之又少。

科學方法

幸好，借助現代科學，人們能獲知先民居住處地層結構的確切信息。在層理分明的沉積層裏，一個木棒就會留有數萬年前的痕跡。

在帳篷裏，顏料的殘痕、骨化石碎片、燧石打製的碎片和炭爐等由皮製的隔板分開，人們由此可以知道先民建築的大致面貌。入口、灶區以及其它種種布置都歷歷在目。

乍看不起眼的小物件，在重建工作中，往往能提供意想不到的確切情報。它們在研究中必不可少，即使剝離表土需要付出長時間的辛勤工作，也是值得的。

刮削器

石器工具有時也能間接顯示易腐材料的存在。用顯微鏡觀察這個刮削器的刃面，科學家發現它曾用於皮革材料加工。

發現過去

為何進化?

非洲搖籃

從南方古猿至人

稀樹乾草原上
的新狩獵者

為何進化?

穩定與變化

生活在我們周圍的動植物似乎極為穩定。譬如說,狐狸就是狐狸,這隻狐狸與另一隻那麼相像。自有記憶以來,在人類眼中狐狸就應該是這種樣子,古今不變⋯⋯

然而,每種生物都可能出現若干變化:不同的個體不會完全相同。每種生物體的共同特徵由「基因」決定,它們排列在細胞*核的染色體上。在複製過程中,基因來自親本,即父本和母本,它們重新組合形成新的個體。每個個體都是單獨的。

基因信息從一代向另一代傳輸的過程也並非永遠正常。兩代之間的基因遺傳有可能出現變化,即發生「突變」。這時,會有某種或若干種新的特徵出現,但這些特徵在父本或母本處並不存在。

自然選擇

在自然界,每種個體的生存都有成功或失敗的可能。失敗者居於劣勢,通常會遭淘汰;而成功者將特徵傳給後代,並漸漸昌盛。這裏說的特徵,是指遺傳特徵,即記錄在基因上的特點,但每種個體後天所產生的特徵則不遺傳。假設在羚羊群中有幾隻跑得比較慢,

果蠅

突變可以由人工誘發,這種小果蠅是做這種試驗的理想材料。藉著化學處理、X光照射、放射性照射等手段,突變頻頻發生:紅眼睛、分叉剛毛、滑雪橇式短翅⋯⋯統計結果顯示,果蠅的突變超過400種。

32

從猿至人

而且這個特徵遺傳的話，牠的後代就很少有機會生存了，因為獅子正在後面等著呢……

當然，實際的遺傳過程不會這麼簡單。同樣的突變有時會引起數種特徵同時出現，好的壞的都有。所以，特徵的維持就取決於雙方「妥協」的程度。再者，自然選擇並不是單純只為了淘汰個體，有時只是為了排除繁殖的可能。就物種後代的數量而言，結果仍然一樣。

查爾斯·達爾文
(1809-1882)

這位年輕醫生早先經歷曲折。他後來登上「比格爾號」皇家軍艦，開始對南美和太平洋諸島進行科學考察。這趟旅行使他積累了豐富的觀察資料，並據此寫成《自然選擇之路：物種起源》。書出版以後反應激烈，有關的論戰至今尚未徹底平息。物種進化* 概念由拉馬克首先提出，他在先於達爾文之前30年默然去世。達爾文對自然選擇作了重點論述。他的理論，即「達爾文主義」，儘管遭到種種批評，至今仍不失為了解進化現象的嚴謹的理論基礎。

33

從猿至人

進化的動力

自然選擇通常扮演穩定器的角色，它使落後種群特徵平均值太遠的個體消失。反過來，當出現有利的特徵時，自然選擇幫助有利的特徵發展。

我們知道，在地質年代裏曾經歷過氣候和景觀劇變的階段。一個今天不良的特徵，再過幾千年後可能會消失，因為物種在環境

脫氧核糖核酸的雙螺旋結構

基因由細胞核中的染色體負載。依照一項複雜的排列順序，遺傳信息記載在脫氧核糖核酸分子的雙螺旋結構上。這條結構長帶有一個特點：可以自裂為二，然後各段重建失去的那一段信息。活體組織繁殖的基礎即在於此。

34

從猿至人

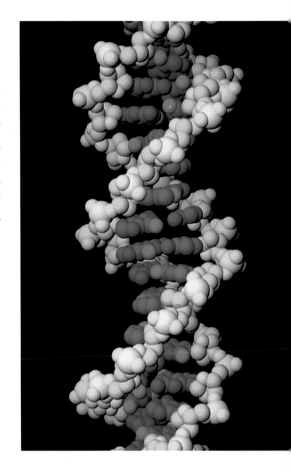

變化的刺激之下自身發生變化。有時候這些特徵乾脆徹底消失，甚至被另一個更適合當時環境的物種取代。這些新物種是如何誕生的呢？

物種的消失與誕生

在一塊土地上離群索居的小群體是注定要消失的。它可能是因為若干個體擱淺在一個島的岸邊而產生。在這個陌生的環境中，它要服從自然選擇的巨大壓力。機運在群體剛開始的組成上扮演一個重要的角色，然而，它所承載的基因在群體的起源上並不具有代表性。有時候，在機運與自然選擇結合起來的影響下，這個小群體不會消失，而會經歷一次迅速的演變。

同時，這些先驅的基因將變得和母本的基因很不相同。有朝一日，繁殖將不再是發生於兩個群體之間，而是一個物種……

遺傳實驗室
研究基因本身及它們在染色體上的變體，已經成為重建物種演化的特殊手段。

從猿至人

用腳站起來

在人類發展史上,南方古猿*的出現代表一個很重要的階段:一種靈長目*雙足*動物首次出現在地球表面。這個事件發生在非洲,正如名稱所表示的,它發生在非洲南部。

就我們今天所知,在非洲以外的地方尚無此種發現,儘管有人聲稱在遠東地區有類似的痕跡。

第一批南方古猿距今約 600 萬年。但是,人們今天發現的、數量相對較多的南方古猿遺骸,時間距今不到400萬年至300萬年。最古老的化石,即拉米杜斯南方古猿和阿法倫西南方古猿,在非洲東部尤其是在衣索比亞出土。

這些古猿看上去同他們的表親巨猿十分接近。與巨猿相仿,他們的顱腔容量很小,而不同性別間的個體差異則很大。雄性的個頭要遠遠超過雌性(後者如「露西」,見 p.38)。但是,這些古猿帶有一個根本性的特徵:透過對骨骸的分析,人們確知他們已能用足直立行走,儘管步履蹣跚。在對肩胛骨、臂骨等作進一步分析後,科學家們發現他們仍保留著攀援和在樹枝間移動的能力。

拉埃多利足跡
(坦尚尼亞)

這是在坦尚尼亞發現的靈長目*雙足*動物最古老的痕跡。據分析,他屬於阿法倫西南方古猿。

36

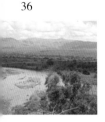

從猿至人

大猩猩

非洲大猩猩仍舊過著森林生活，雖然它們的骨盆、腿和足已經適應環境，卻與人類或牠們的直系祖先相差很大。

　　從在樹枝間生活過渡到陸上生活，這和從1000萬年前開始的地球氣候劇變有關。在非洲，如果說西部仍然是一望無際的熱帶森林，東部則已成為稀樹乾草原。乾旱的不毛之地在日益擴展。

　　在潮濕地區，黑猩猩和大猩猩的祖先們仍舊維持傳統的生活方式，而人類的祖先則漸漸開始適應更開闊的生活。他們的移動方式起了根本變化，齒冠的釉質層也變得更厚，以適應難啃的食物。

研究舊石器時代的科學家對雙足*性很重視，因為它不僅使手擺脫行走的任務，也方便了工具的製作和使用。

從猿至人

「露西」骨骼

這副骨骼的主要部分尚稱完整，於1974年在衣索比亞出土，他是由法國－美國聯合調查組發現的。據判斷他是一位年輕女性，因而很快被稱為「露西」而傳開。他屬於阿法倫西南方古猿，距今約300萬年。這項發現實屬罕見，因為南方古猿通常只有零星殘存物的存在，如孤立的齒。發現如此完整的骨骼化石，使科學家們第一次能確切地在南方古猿個體身上研究諸如四肢與軀幹的比例等問題（復原像見封面）。

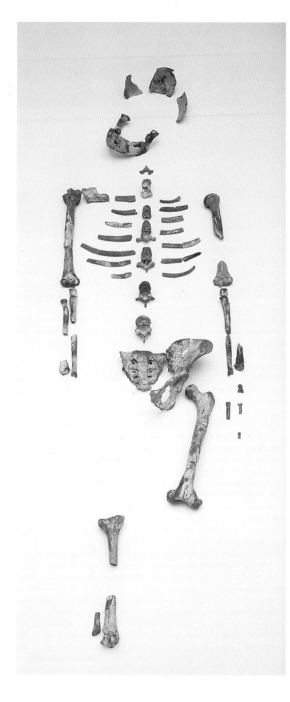

從猿至人

已發現的南方古猿*有好幾種,在非洲南方發現的化石稱「非洲南方古猿」。 它們距今約250萬至300萬年。

而在奧莫河谷（衣索比亞境內）和肯亞同樣也有重大發現。那裏的化石形態有很大不同,距今約250萬年。它們隨後逐漸從東非向南非發展。科學家稱其為「粗壯型」南方古猿。實際上,它們的體型確實比非洲南方古猿略大和臃腫。不同性別的個體, 大小差異一樣很大。

食物資源顯示出它們在開闊的稀樹乾草原上生活。粗壯型南方古猿在生活方式上並無多大變化,顱腔容量也無明顯增加。最後,大約在100萬年前,它們滅絕了。

然而, 在同樣的環境裏, 南方古猿的另一支卻經歷了完全不同的命運:它們是人類的真正祖先……

奧莫人出現

能人在非洲出現距今不足200萬年。這是第一支屬於奧莫種*的人,現代人也屬於奧莫種（智人）。

有關奧莫能人的爭論至今仍在繼續:有人認為他即是非洲南方猿人,另外一些人認為他們的出現要更早,是屬於跟南方古猿同步發展的另一支。對化石年代的確定和鑑別也是眾說紛紜……

從猿至人

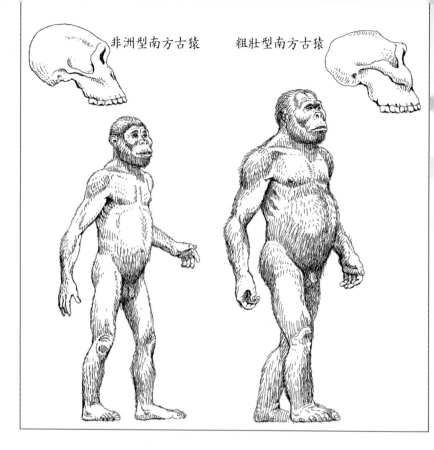

非洲型南方古猿　　　粗壯型南方古猿

非洲型南方古猿

身高約145公分，男性與女性個體大小差異很大。女性瘦弱者重35公斤，男性粗壯者可達65公斤。顱腔容量還很小，平均為450立方公分，即比阿法倫西南方古猿約大10%，但僅為現代人的1/3。臉面短縮，但仍相當傾斜。齒冠、下顎、咀嚼肌發達。前磨牙和磨牙強健有力。相形之下前牙（門牙和犬牙）較弱。牙齒的這種配置與以素食和小動物為主的食物結構吻合。

粗壯型南方古猿

頭骨的形狀給人留下深刻印象。臉面寬而內凹，下顎巨大，咀嚼肌極為發達，甚至與顱頂相連，形成骨質突起。至於牙齒，在非洲南方古猿身上看到的前齒與後齒不相稱的特點，在這裏更為明顯，成行的臼齒組成真正的磨盤。食物以硬質和多纖維的植物為主，包括水果、塊根⋯⋯

40

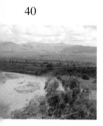

從猿至人

這第一批真正的「人」的顱腔容量要比南方古猿*大得多，此後，它們的顱腔容量平均在600立方公分以上。臉面拉直，齒冠開始演變，臼齒漸趨正方形，尤其是，它與前臼齒結合一起，比門齒和犬齒小得多。齒形的變化代表雜食性食物結構的確立，這與猿猴的情況類似。

大裂谷

這條南北走向，位於東非的地表大裂隙正逐漸形成一個大洋。數百萬年以來，它成為湖泊和火山沈積物的理想居所，它也是蘊藏舊石器時代*遺物的寶庫。

41

從猿至人

ER1470號頭骨

這件標本由150塊殘骨拼合而成，發現地是在肯亞羅道爾夫湖東側一個小山谷的谷底。殘骨分布面積達400平方公尺。這樣的拼接是否合理，頗有疑問，不過，由於顱腔容量幾近800立方公分，一般人公認它與南方古猿*有很大不同。這究竟屬於某個男性能人，還是屬於某種體軀更大的、生活在將近200萬年前、東非人類的另一旁支呢？

跟它們的祖先一樣，能人的男女個體體型差別很大，大到讓某些人類古生物學家*在這種最古老的奧莫人中又劃分出幾個亞種。

和平共處？

約在200萬年前，在非洲大地上，人科*的南方古猿*和奧莫人相互為鄰。再往後，約100萬年前，奧莫直立人，即奧莫能人的後代，與最後一批粗壯型南方古猿共處。

這點不應使人們感到奇怪：它們的生存形式並不相同，這不光指食物結構，它們的生活方式也大不相同。即使它們的遺骸在同一地層裏發現，它們的生活環境恐怕也不大一樣：或許是野草茂密的稀樹乾草原，或許是沿著常年水道伸展的林帶，也或許是乾燥開闊的原野。

從猿至人

稀樹乾草原上的新狩獵者

食物來源

現代黑猩猩有時成群結隊地襲擊其他動物以獲得肉食，從而稍稍改變了以素食為主的食物結構。南方古猿*也有類似情況。他們大概以容易捕獲的小動物——蜥蜴、嚙齒動物、幼獸等，作為獵物。隨著環境改變，植物性食物日趨稀少，人科*各支被迫選擇肉食。

　　粗壯型南方古猿適應了氣候引起的變化，並以生長在稀樹乾草原上難啃的堅果為食物。它們的競爭對手——能人，面對同樣的變化，走的卻是另一條路：肉食。

　　這與其他大型靈長目*動物的情況一樣；只是，最初的人類在轉變為獵人時，其行動規模空前。他們所到之處，成堆的骨骸與各種工具雜然相混，前者明顯屬於食物的殘剩物。不過，從殘留在大型動物骨骸上的砍痕看，最初的人類不只是獵人，也吃其他猛獸留下的食物：因為我們很難想像小個子、又沒有什麼武裝的原始人類，如何能對付得了龐大的河馬。對他們來說，發現一頭奄奄一息的患病動物，或是其他猛獸吃剩的殘軀，那是再好不過了。即使如此，他們還得與鬣狗、豺等其他動物競爭一番呢！生活方式的變化，必定對最初人類的生理結構和種群演化產生長遠的影響。

南方古猿本身也常淪為獵物。在南非的斯瓦克蘭斯發現的化石上，帶有被生活在當地的豹啃咬的痕跡。在南非各洞窟裏，人們懷疑眾多的南方古猿當初似乎是其他猛獸的腹中餐。

43

從猿至人

最初的工具

人科*各支很早就懂得使用礫石或帶鋒刃的天然石塊。後來,在將近250萬年前,人工打製工具開始發展。最初大多是用石英或硬質石塊做的薄片,接著,「打製礫石」出現了。

沒有經驗的人看不出這種原始工具有什麼不同。但在歷史學家眼中,顯露在石塊上的裂線與天然裂痕是不同的。不過,硬質石塊由於受自然力的作用,例如火、寒凍、海浪拍擊、崩塌,甚至樹根的生長或動物的踐踏等等,也都會發生破裂。於是,在一些十分古老的地層發現的石片,往往被誤認是人造工具而紛爭不休。在19世紀,法國布爾日瓦神父曾掀起一場關於「埃奧里特石」的軒然大波。有人說,這些燧石上的裂痕表明早在第三紀*就有人類存在。今天,人們發現了確實屬於第三紀末的工具,但「埃奧里特石」則只是一些自然怪石而已。

打製礫石

在礫石的頂端,一連串的碎片被去除掉,先是一邊,然後是兩邊。粗糙且彎曲的刀口也是打製出來的。它可以用來切割肉類、搗碎骨頭、或砍斷樹枝。

44

從猿至人

選擇過的材料

骨頭也用來製作工具。雷蒙德·達特,這位在1924年首先發現南方猿人*的南非人類古生物學家*,建議用「奧斯泰翁奧東托凱拉多斯文化」這樣複雜的名稱給骨器命名。在希臘語中,「奧斯泰翁」、「奧東托」和「凱拉多斯」分別代表「骨」、「齒」和「角」。在南方猿人*的發掘點裏,達特尋獲若干帶齒或

帶獠牙的顎骨以及有點像大頭棒的長骨，它們似乎經過挑選。今天，人們已經弄清楚是鬣狗造成這種骨的聚集，但人們也找到了若干經人為折斷或打磨過的骨器，這是200萬年前的創造。

南方猿人有可能是這些十分古老工具的製作者和使用者。不過人們更相信它們恐怕出自能人（或者是他們的直接祖先）之手。因為切割肉塊或挖取骨髓必定要使用石器，但大自然不提供這種工具。

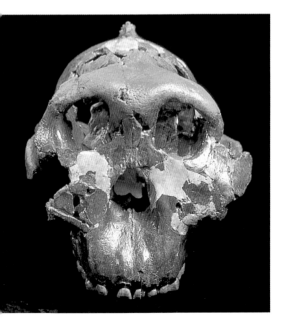

東非人屬頭骨

在坦尚尼亞奧勒杜威＊那些曾經發掘出著名的南方古猿的地層裏，還散布著一些折斷的骨骼和石製工具。不過，它們的製作者恐怕並非東非人屬。有人認為，它們屬於成為犧牲品的某支能人，但也有人說這些東西只是偶然聚集在一起罷了。

45

從猿至人

人類發展

征服世界

直立奧莫人的
日常生活

人類的表親，
尼安德塔人

死亡儀式

征服世界

直立奧莫人頭骨

顱腔容量明顯增大，約為750至1250立方公分，這與現代人平均顱腔容量1400立方公分已相距不遠。然而顱腔扁平，前額傾斜顯著，顱壁則很厚。臉部始終伸展，眼圈之上眉峰骨突出，形成整片眉脊。顎骨部分無下頜，牙齒堅牢，比南方古猿要差一些。

48

人類發展

直立奧莫人

直立奧莫人出現在距今180萬年前的東非。這個名稱的含義是「直立人種」，但實在是不大恰當。因為，誠如人們所知，更早以前的南方古猿*就已具備雙足*性。直立奧莫人的個子要比他們的直系祖先大。從發掘出的肢體骨骼看，他們與現代人的區別已經很小：骨骼遠比現代人結實，但個頭及姿態則十分接近。

腦趨發達，齒趨退化

人在獲得直立性之後，主要朝兩個方向演化一是大腦，由此智能日趨發達；二是咀嚼系統，以及咀嚼系統所在的面部漸漸退化。

就動物而言，顎部系統的功能並不限於咀嚼，它還可以攫取或擊殺獵物、割裂食物或衝嚙物件。由於手獲得解放並已開始製造工具，人已經成為「把牙齒放在手中」的動物，真正的牙齒則逐漸退化。可以說，這種退化過程至今仍在繼續。越來越多的現代人已不再長「智齒」，正是這一過程的反映。

直立奧莫人

長期以來，我們對直立
奧莫人身體各部比例始
終不甚了解，因為我們
只蒐集到若干骨化石而
已。一般看法是，他們
的個頭要比現代人小。
然而，後來在肯亞杜卡
那湖湖岸發掘出的、一
具完整的成年男子骨化
石顯示，直立奧莫人的
體軀相當高大。當然，
生活在舊大陸各地的直
立奧莫人因地域不同，
外形也有很大差異。

人類發展

比津斯萊本

維特斯佐洛

佩特拉羅納

歐洲

大西洋

特爾尼芬

薩雷

北迴歸線

非洲

梅爾卡空圖列

科比－福拉

奧杜威

恩杜多

印度洋

赤道

布羅肯希爾

南迴歸線

斯瓦特克朗

霍普菲爾德

◉ 直立奧莫人和古智人
的聚居點

非洲之外

50

人類發展

直立奧莫人的出現，首次證明在非洲以外的地區也有人類存在。這方面，舊大陸以東的印尼爪哇島，是人類古生物學家*心目中的聖地。在化石地層*中發掘到的人類化石*為數甚多，其中最古老的骨碎片和一個兒童的頭骨，據認為屬於生活在160萬年到180萬年前的直立奧莫人。在近東、高加索和歐洲南部，很早就發現有距今100多萬年前的人類痕跡，但相對較豐富化石的出現則要晚一些時候。直立奧莫人生存了150萬年，他們的遺骸和工藝*幾乎在舊大陸各處都有

周口店

蘭田

中國

太平洋

爪哇
莫佐克托
恩崗東
桑邦馬昌
三吉嶺
特里尼爾

2000km

分布，只有美洲、澳大利亞以及歐洲和亞洲的最寒冷區域尚為空白。因受浩瀚大洋的阻隔，生活在溫暖南方的人類和動物是在後來才慢慢北上占據寒冷地區的。

直立奧莫人生活的年代也是人類「品種」開始多樣化的時代：那些散布在歐洲、非洲、亞洲南部和東部的居民，漸漸帶上當地特色而相互有所區別。人類學家*正

在探討這些古老的部落群體與現代人的人種區分是否有某種聯繫。應該承認，這種聯繫難以確定，有關的爭議始終存在。

人類發展

直立奧莫人的日常生活

40多萬年前，最後一批直立奧莫人用火的情形已經很普遍。使用火的痕跡還可以上溯到更早的150萬年前的非洲。但在那悠遠的歲月裏，這究竟是人工火還是天然火，今天已難以辨別。在歐洲和亞洲，人們發現了無疑是最早的爐火的痕跡，在那裏，火是人類生存必不可少的要素。在匈牙利的維特斯佐洛，火種曾經保存在一個直徑50公分大小的凹坑中。在法國尼斯附近的臺拉阿馬達、義大利的托爾庇埃特拉和西班牙的昂布羅那和托拉爾巴等地，也找到過使用火的痕跡，儘管對此還有爭議。在中國的周口店遺址中，也發現了十分古老的灶火殘跡。

人工取火

最初，人類大概是利用天然火，再小心翼翼地添加木柴以保留火種的。人類是什麼時候學會人工取火的呢?這個問題不大容易回答。用一根硬木條頂住一塊軟木板，然後迅速轉動木條；或是用一塊燧石撞擊黃鐵礦石，兩種辦法都能產生火花。假若再用乾苔蘚或乾草去引燃，火就生起來了（見p. 88）。 會不會是那些燧石器的製作者，在這一天或那一天，偶然有了這項重大發現呢?

人類很快就學會製作灶頭。他們在地上

人類發展

挖坑，再用石塊圍一圈用以擋風。有柴燒柴，沒有柴，骨頭也能燒。

　　火的最初用途是什麼？這也很難確切回答。照明、燒煮食物，特別重要是取暖。幸虧有了通宵不滅的灶火，人類才得以在寒冷地區生存，並不斷向北方地區擴展。

　　火也用於武器加工：將用剛砍下來的木頭製作的長矛、矛尖在火上烤一烤，尖頭就會變硬。後來，舊石器時代*晚期的人類還會用火扳直鹿角或處理燧石原料，以方便切割和修整。

灶火殘跡

在法國尼斯附近的臺拉阿馬達，人們發現了一個38萬年前的灶頭。

53

人類發展

克拉克頓西出土之斷矛（英格蘭）

舊石器時代*的木製器具能存留到今天的實在很少。這件武器之所以能夠保存下來，大概與包裹在泥炭塗層中不無關係。在德國北部，在一頭古象的遺骸中，也曾經發現過一支經火加熱整型的木製類似武器。人們還在西班牙托拉爾巴化石地層*中找到過碳化了的矛尖。

54

人類發展

雙面燧石器*

直立奧莫人打製燧石的技術有了改進。新技術對石塊兩面都作處理，由此石器變得更鋒利，更呈尖狀，而且幾乎整個表面都如此。直立奧莫人所使用的敲擊工具不僅有石塊，還有長骨和較粗的短木棍。被打下的石屑更細小，打擊也更有節奏。雙面燧石器有很多種類，但在舊石器時代早期的所有工藝*中，並不一定存在這種技術，在亞洲地區更是罕見。

中國北京附近的周口店化石地層名聞遐邇。因為在那裏曾找到過一系列重要的奧莫直立人化石，即著名的「北京人*」。他們距今約有40萬年。不幸的是，在第二次世界大戰日本占領中國期間，這批化石神秘地消失了，至今下落不明。1972年，一名美國贊助者懸賞5000美元，希望有人提供化石的下落。一時人們奔走相告，有人聲稱它們被秘密藏在美國、中國大陸、臺灣、東京、泰國甚至俄羅斯……即使這批化石真的幸免於難，至今人們仍未找到它們。

勒瓦羅瓦矛尖

用敲擊法打下碎片的技術愈來愈好，由此可以獲得想像中的形狀。橢圓形薄石片、石刀和三角形矛尖都是這樣做成的。這項技術之所以命名為「勒瓦羅瓦」，是因為在巴黎地區的勒瓦羅瓦－貝雷鎮地方，人們發現了大量使用這種工藝*的化石。打下的碎片經過加工——或者不加工，還可用作刮削器、打磨器、矛頭或者石刀。

人類發展

智人

在歐洲，繼直立奧莫人之後，出現了另一支人種：尼安德塔人。人類古生物學家*將其命名為「智人種尼安德塔人」，這意味著他們屬於一支已經滅絕了的智人。這支人種最典型的代表生活在距今3萬5千年至8萬年的西歐（即最後一次冰期*前的間冰期）。事實上，尼安德塔人至少是經過40萬至300萬年長時間演化的結果。

在這一漫長的歲月裏，歐洲的居民似乎處在隔絕的環境裏而互不往來，由此也可以說明何以各個分支都有各自的特色。歐洲的地理環境有規律地受到冰川現象的制約，這恐怕是造成隔絕的主要原因。在尼安德塔人生活的時代，氣候還算溫和；不過，與現在比起來，90%的時日子都比今天冷。在那個時代，尼安德塔人是居住在地球最北部的人種。

最後一次間冰期之初氣候還相當溫和濕潤，後來則變得又乾燥又寒冷。大地被廣大的冰川覆蓋，成群結隊的馴鹿、毛象、披毛犀牛、野牛等動物逐水草而居。肉食性動物（獅、狗等）也開始適應嚴酷的環境。

歐洲的尼安德塔人身材中等（平均165公分），但粗壯強健、肌肉發達、腦袋大而扁平。面部長、隆起明顯、鼻子突出、顴頰內

化石遺骨上往往還可能有有機質殘存。透過對所含的碳或氪的測定，可確切獲知不同動物的食物結構。例如人們已經弄清楚岩熊以素食為主。反之，生活在法國馬里亞克（夏朗德省）附近的尼安德塔人肉食性明顯。肉食對生活在寒冷和缺少植物資源環境裏的人類尤其重要。

56

人類發展

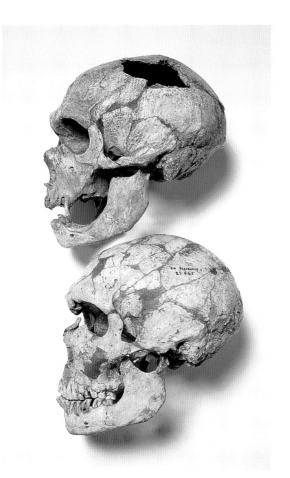

在拉夏貝爾奧聖
（科列茲省）發現
的頭骨化石（上圖）
和在拉費勒拉西
（多爾多涅省）
發現的頭骨化石
（下圖）

本世紀初，在法國西南部出土了若干著名的尼安德塔人化石。主要是依據這些標本，科學家們才得以對尼安德塔人作出解剖學描述。

收。這樣的容貌在其它人種化石中還未曾見過。

　　原始人的某些特徵，如上眼眶較大、無下巴等繼續存在，但另外一些特徵迅速演化，例如，腦容量往往可能超過現代人的平均值。過去曾有人認為尼安德塔人屬猿人或屬半人，這顯然站不住腳。

人類發展

莫斯特時期*的釘子
和刮削器

莫斯特時期的工藝*和尼安德塔人同時出現。就最古老的工藝而言,莫斯特時期的工藝比新式工具更能表現自己在碎片加工方面的特點。雙面燧石器*變得很少見,勒瓦羅瓦矛尖一直被使用,一些新的工藝方法也出現了,尤其是工具的修飾。

人類發展

東方尼安德塔人

地域上,尼安德塔人的分布並不限於西歐,在歐洲以外的地區也有零星的分布。從東部的近東地區(以色列的塔朋和阿穆特、伊拉克的沙尼達)直至中亞(烏茲別克的臺希克－塔施),都有他們的蹤跡。在巴勒斯坦,他們與另一支人種——智人型智人,即現代人所屬的智人——共處或交替居住。智人型智人在這個區域的居住歷史,至少可以上溯到10萬年前。

尼安德塔獵手

在舊石器時代 * 中期尼安德塔人的住處裏,常有大量大型哺乳動物的遺骨出土,例如馬、野牛甚至小犀牛等,這些都是他們獵捕的對象,或許,他們也覓食自然死亡的大型動物的殘軀。

人類發展

死亡儀式

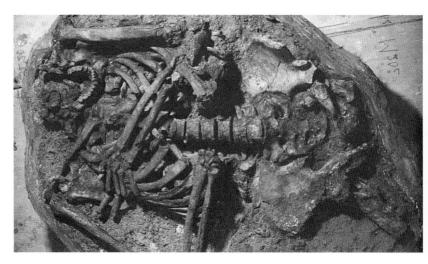

凱巴拉墓葬

在近期發現的尼安德塔人墓葬中，最令人驚奇的要數在以色列凱巴拉山洞裏看到的景象了：一副骸骨保存相當完好，但頭顱卻神秘地失蹤。後來人們在較深的洞穴裏發現了它。

人類發展

葬禮的實踐

在歐洲尼安德塔人那裏，人們發現一種新的現象：埋葬死人。他們不再將死人往野外一拋了之,屍體開始被埋入作居所用的洞窟裏,似乎還出現了陪葬物。

最有名的例子是在法國拉夏貝爾奧聖村發現的葬禮。1908年,巴東和布依索尼兩位神父在該村（科列茲省）附近的一個小山洞裏挖掘時,發現一具相當完整的尼安德塔人骨骸（見p. 57）。 這具男性骨骸蜷縮在一個「人工」挖成的泥灰坑裏,邊上還有一隻牛科動物的腳。幾乎在同一時期,類似的報導相繼出現。在拉費勒拉西（多爾多涅省,見p. 57）, 人們在一個被巨石蓋住的深洞裏找

到一堆骨骸，屬於一名男子、一名女子、兩個胎盤和四個孩子（年齡為：初生兒、2歲、3歲和10歲）。或許這是同一家庭的集體埋葬。人們由此猜測，在遠古歲月裏兒童死亡率極高，即使是成人，能活到四十歲的也很罕見。

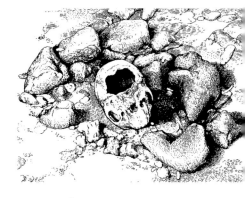

西爾歇山頭骨

發掘時，它周圍有一圈石頭，人們因而認為尼安德塔人有頭骨崇拜，但這是錯的。

頭骨崇拜？

有時還發現古怪的儀式。在義大利西爾歇山區的一個岩洞裏，有一個人類的頭骨被圍在一圈石頭之中。挖掘者認為他是左太陽穴遭重擊致死的。顱基也有明顯的裂痕，或許這是為了從中取出腦髓食用以獲得死者的品行？這件戰利品不可避免地使人聯想到今日尚存的某些食人部落（吉瓦羅人、達雅克人）的風俗。不過，再次對化石地層研究後，現代科學家認為是鬣狗啃了頭顱……

並非所有尼安德塔人的遺骸都是人為安葬。若干例子非常獨特，尤其是在克拉比那發現的人體肢解骨骸，上面有火燒過的痕跡。這使人猜想它們是否是食人宴的殘羹。

61

人類發展

埋葬死人或許體現了某種精神上的需要。不過，就古人類學家*而言，以前他們只能找到零星的骨化石，現在則有可能研究完整的骨架了——這真是天賜良機。

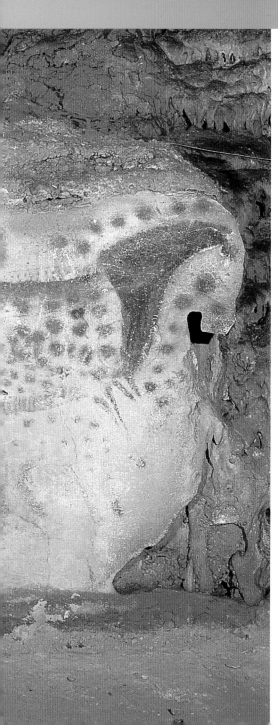

「今人」

今人探源

今人的擴張

新武器

骨器加工

舊石器時代的藝術

冰期結束

今人種種

今人探源

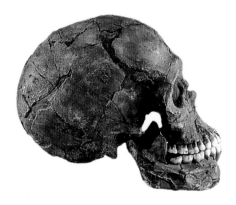

卡夫札赫六號頭骨

除特別堅固外,它與現代人頭骨高度一致,並無其他不同。如同九號骨骼標本(見右圖)一樣,它在以色列拿撒勒附近的卡夫札赫山洞出土。

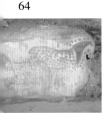

「今人」

第一批今人

莫斯特文化*的創造者並不一定是尼安德塔人。大約在不到9萬年以前,在巴勒斯坦出現了智人或真正的人,亦即「今人」。他們的頭骨呈圓形,前額聳起,顴骨突出,下巴明顯。部分人的上眼眶仍顯著,但整體來說是變脆弱了。牙齒則比現代人大得多。儘管有這些的細微區別,他們與我們現代人已十分相像。假若讓他們穿上襯衫牛仔褲混雜到百貨公司的顧客中去,誰也不會特別注意到他們。

更早一些,在距今10萬年之前,非洲還存在著一種介於早期智人與真正現代人之間的過渡人種,根據這些發現和現在非洲人的遺傳特徵,科學家認為非洲是現代人類的「搖籃」。

在近東地區,第一批今人與尼安德塔人之間維繫著一種複雜的關係。在距今5萬年到10萬年之間,兩大人種交替居住甚至共存。有人認為在近東地區人類化石*裏發現的某些特徵正是雜交的結果。不過,這個地區化石個別的特徵如此明顯,區分它們並不困難。

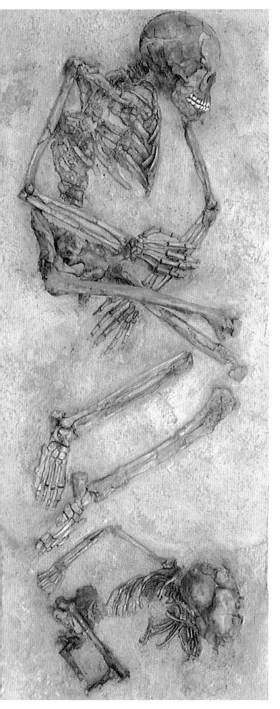

卡夫札赫（以色列）
九號骨骼標本
近東地區第一批今人對
死者實行埋葬，這是前
所未見的。圖中被埋葬
者是一位年輕女性，在
她的腳旁還埋葬著一名
6歲的兒童。

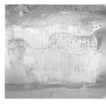

「今人」

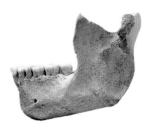

**扎發拉亞人的下頜骨
（西班牙）**

扎發拉亞人是生活在歐洲的最後一批尼安德塔人。儘管如此，從解剖學角度看，他們與今人的相似處並不多。

來自東方的入侵者

距今不到4萬年前，歐洲的尼安德塔人逐漸被來自東方的現代人種——克羅馬農人——取代。克羅馬農人手握新型的工具和武器，例如用骨做尖頭的投槍。這些工具和武器屬於「奧瑞納文化*」工藝*。它們也是舊石器時代*晚期開始的標誌。新來者對生活和新環境有著自己的開發方式，或許他們還有獨特的社會組織形式。

　　這些進程在今天已經日益被了解。與前不久還普遍認為的看法相反，尼安德塔人並非是由於入侵者的到來而突然消失的。事實上，在西歐範圍裏，雙方曾經共存數千年。在某些地區（法國的中部和南部、西班牙的北部），尼安德塔人還部分吸收了克羅馬農人的工藝技術。最後一批尼安德塔獵人恐怕很早就開始仿製克羅馬農人可怕的投擲武器。

尼安德塔人的結局

但是在另外一些地區，譬如在西班牙的南方，尼安德塔人仍舊固守傳統的生活方式，並繼續製作莫斯特文化*的工具。不過，不管屬於哪一種情況，我們今天尚未找到可以證明兩大居民集團曾經融合並產生混血群體的證據。當然，有關他們遺物的發現也實在太少了。

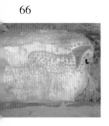

「今人」

那麼尼安德塔人怎麼會在 3 萬年前消失呢？種族滅絕說並不可信，而且也沒有任何證據可以證明。一種可能是：隨著新來競爭者的繁衍發展，人數本來就不多的尼安德塔人逐漸消亡。或許，也不能排除有一小部分人被同化了。

扎發拉亞山洞
（西班牙）

它位於西班牙最南端的一個孤立地段。封閉的地理條件或許能解釋正當舊石器時代＊晚期文化在歐洲北部興旺時，何以在這裏仍然固守著莫斯特文化＊工藝。

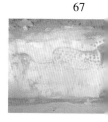

「今人」

今人的擴張

單一來源?

從整體來看,現代人種存在著高度的一致性,科學家們解釋這是基於有單一的和最近的共同來源。在歐洲之外,尼安德塔人是否也曾被同時代的今人入侵者取代了呢?

　　不幸的是,除歐洲之外,其它區域的古人類學*資料非常缺乏。在非洲,我們知道在直立奧其人與今人之間並不間斷,這個區域

斯堪地那維亞
–10000年

西伯利亞
–30000年

西歐
–40000年

北迴歸線

赤道

大西洋

印度洋

南迴歸線

澳大利亞
–50000年

　今人,距今10萬年
　今人或古智人,距今10萬年
← 人類遷徙路線

「今人」

68

甚至被認為是所有現代人種的共同發源地。在亞洲，介乎距今30萬至50萬年這一階段的化石似乎很少，但這一階段卻是今人特徵出現的關鍵時期。不少人類學家*認為今日太平洋地區的居民帶有亞洲古代居民的特徵。果真如此，今人就有可能在這些地方取代原始居民，並且也有互相融合的可能性。

空白地段漸漸被占據

在歐洲大陸，從舊石器時代*晚期起，人類漸漸北上到達西伯利亞的廣大區域。在澳大利亞北部，人們發現了5萬年前的人類痕跡，這表明有組織的海上航線已有可能發生。對北美洲何時出現人類居住的問題則眾說紛紜。有可能，來自西伯利亞的獵手——採集者從陸路抵達阿拉斯加。這或許是在某個寒冷時期白令海峽乾涸提供的便利。在育空地區發現的人類活動痕跡至少可以上溯到4萬年前，但是往南的道路卻受到冰川的阻隔。大約在1萬2千年前，在冰川群中出現了一條通道，從阿拉斯加往北美腹地之行從而得以實現，印第安人的祖先們於是漸漸散布至整個美洲。但是，在南美若干地點測得的年代表明，人類遷徙的時間似乎還能大大提前。

69

「今人」

燧石工具製作者

在 250 萬年期間，石器加工不斷的改進。這
種變化起初十分緩慢，後來，隨著智人的出
現，改進的速度加快了。在舊石器時代*晚期，
燧石器的打製已經達到很精巧的地步。尼安
德塔人及其同代的人，在多數情況下，是按
照石片的既成形狀加工工具。而舊石器時代
晚期的人則採用新技術按自己的意願加工原
料。他們發現在同樣的重量下，只要技術夠
好，狹長形狀的石刀可以得到更長的鋒面。
那些最長和最鋒利的石刀很可能是出自有經
驗的「專家」之手。

　　石刀可以直接使用，經常的情況是，再
稍作加工，刀可以改製成刮削刀、針、鑿*
等工具，用以加工骨、木頭和皮革。獵人們
圍著火堆席地而坐，將刀緊貼大腿，然後用
石塊或骨棒一下又一下地敲打石刀的刃面，

燧石做成的鑿

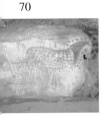

「今人」

於是，用鈍了的工具又變得鋒利，那些折斷了的工具或廢料則被隨手丟棄。

新技術

在距今1萬8千年到2萬年的索留特累文化*時期，錘擊加工法出現並逐漸傳開。與直接敲下石屑的舊辦法比較，新技術需借助一骨製工具，將其對準要打下石屑的部位，然後用力敲打該骨製工具。這樣，無論是用力的大小或用力的準確性都得到很好的控制。

只有依照固定程序且延長加工時間，才能得到優質的燧石工具。為了提高質量，也可以將燧石原料事先在火中均勻緩慢地加熱，然後用錘擊法打下石屑。用這種辦法打下的石屑又薄又大，而得到的產品則精細、鋒利和均勻一致。由此製得的「葉狀器」用作投槍槍尖，顯得威風凜凜。

索留特累文化*的月桂葉

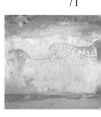

「今人」

拋擲器

拋擲器*用木頭或鹿角
製成，長30至40公分，
端部有一小鈎，用以固
定投槍或投叉。它使手
臂得以延長，而且有調
速桿的作用。

「今人」

鹿角叉

在馬格達連文化*時期，
叉有很大的發展。除大
小不等外，還有倒刺叉、
雙面叉、單面叉、鈎叉
等形式，鈎叉又有鈎數
不同的區別。

投擲武器

同時，帶尖頭的投擲武器形式也日益增多。帶柄的尖頭或長矛以前就有了，但現在，隨著輕巧的和先進的武器不斷增加，獵取難以接近的獵物已成為可能，由此又推動打獵技術的改革。起先這些武器用手投擲，但不久出現了投擲器*和弓箭，穿刺力大大加強。

在奧瑞納文化*時期，菱形或尖錐形的槍尖在歐洲出現，它們用骨或鹿角製成。同時還有形式多樣的燧石槍尖。所謂「帶卡口的槍尖」大概是索留特累文化*時期最驚人的發現。這些槍尖大小不一，可以配合各種標槍和長矛使用。

決定性的成就：獵叉

在馬格達連文化*時期，用馴鹿角和後來用鹿角製成的叉是獵人們的重要武器。帶倒刺的叉用骨頭刻製。再往後還出現將小燧石尖頭嵌入槽內的叉。動物一旦被擊中，就很難擺脫深深插入肉中的槍尖和聯繫著的槍桿。槍桿可能脫開，但仍有一條皮帶連著槍尖拖在動物後面以防止其逃跑，而愈逃跑傷口則愈深。

布魯涅蓋勒
（塔爾納－加龍省）
山洞之投擲器

今天尚存的投擲器*是用鹿角製成的，但並不排除還存在眾多用其它材料——如不易保存的木頭——製作的武器。這一件武器的裝飾性恐怕多於實用性。

73

「今人」

骨器加工

標準化產品

克羅馬農人用燧石製成鑿*加工骨器。出土的鑿數量眾多,說明骨材料的使用已相當普遍。

舊石器時代*早期和中期的人類已經開始使用骨原料,但數量很少,而且加工很粗糙,如同加工石器一般。大的骨片磨成矛尖形狀的也有,只是沒有固定形式。其實,堅硬的骨料是很適合雕刻的。

到了舊石器時代晚期,獸骨,尤其是馴鹿角被有系統地運用。它們可以用來製成投槍尖、叉頭、帶孔眼骨針、投擲器*、「指揮棒」以及眾多的裝飾物。投槍尖的製作已經標準化。馴鹿角被剖成長棒,長度有的達50公分。由於存在天然紋路,長棒是彎曲的,加工者需用火將其烤暖再扳直。這些長棒也可以按照需要截成幾段。在舊石器時代晚期,骨製縫針出現。最後一個冰期氣候寒冷,用骨針縫製衣服已屬必需。

74

馴鹿角製作的投槍
槍尖已裝柄,而柄則長而彎,在舊石器時代晚期常見。

「今人」

毛象的骨骼有時被舊石器時代[*]晚期的人類用作建築材料。在東歐，這類使人驚訝的棚屋屢有出土。最令人讚嘆的是在烏克蘭梅茲利克發現的一幢房屋：它用顎骨和象牙砌成圓形，總重量達20公噸！

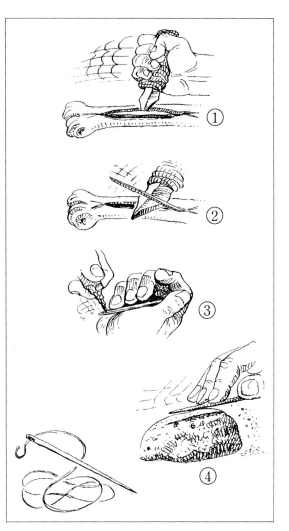

馬格達連文化[*]時期的帶孔眼骨針

在一根骨頭或鹿角上，用鑿先挖出兩條並行的槽，再不斷加深，直至深達骨內海綿體組織。在此骨的中心部位①，此時可挖出一條實心的細骨棒②，然後打孔③。先對針刮削定形，接著用砂石研磨④。

75

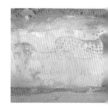

「今人」

舊石器時代的藝術

馬格達連文化*時期的穿孔棍

「穿孔棍」用馴鹿角的基部做成，用於加工槍桿：將彎曲的槍桿或骨棒用火緩緩加熱，使之變軟，再用「穿孔棍」扳直。有時候，這種工具本身帶有精美的雕刻。

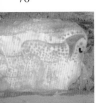

「今人」

動感藝術

舊石器時代*晚期的人類與現代人類的差別僅在於文化發展程度不同。這些獵手——採集者沒有我們現代人所掌握的工藝技術，但是他們的形體與才智並不遜於我們。藝術同樣伴隨著他們的腳步，踏上人類發展史之路。

「藝術」，作為統稱，我們暫且把許多相距甚遠的事物歸置在它名下。譬如大量的石器、骨器、象牙器，以及雕刻的、雕塑的，都包括在內。有時候它也指飾物：墜子、圖片、穿孔的齒等……它還可能指一些神秘的象徵物。它們的價值究竟主要是裝飾還是別有暗示？一下子還真難說清楚。

動物形象的表達是現實主義的，但人的形象卻極少出現。在歐洲，人們只發現若干女子的小塑像，而且動感藝術對她們採取誇張的手法：面容模糊，體態肥碩，此即所謂「女神」塑像。從中，我們隱約地看到先民對生殖力的崇拜。

祭洞

在洞窟深處，借助火炬和油燈（見p.88），先民們在洞頂或者甚至在一些難以抵達的地方專心地作畫。這裏又有令人費解的疑點：為何表現那麼多的野牛和馬？相比之下，馴鹿

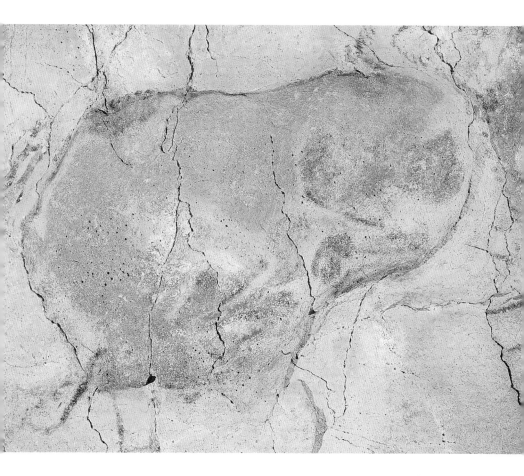

的形象為何那麼少？獸身人頭的形象是指何種動物？那些幾何圖形又是什麼呢？

　可以肯定，這樣的洞窟多用於祭祀而非居住。繪畫的佈局、表達的主題以及相互結合的方式等告訴我們：它們並非即興揮塗，而是在遵循著一種嚴格的構圖要求。但我們對生活在最後一次冰河期*的人類了解得實在太少了。

阿爾塔米拉洞窟
（西班牙）
中的野牛像

77

這頭野牛正在奮力蹦跳。1879年，一位小女孩偶然發現了它。這也是人們首次發現的舊石器時代*的繪畫。隨後，有關的爭論沒完沒了。布律耶神父將此畫畫了下來（見封面圖）。

「今人」

與在這些先人住處發現的女性塑像類似，祭祀畫是宗教與神話交織的最後一批殘存物，它告訴我們一萬年以前的人類即有希望和信仰的存在。

布拉桑布依女神像
（法國朗德省）

這是在西歐發現的最古老的一尊女性雕像，高僅36.5公分，它是一尊更大的象牙塑像的一部分。

列比格女神像
（法國上加隆省）

這尊「女神」用毛象象牙雕成。另外一些雕像則用軟玉或是粘土混合骨粉塑成。

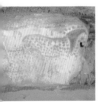

「今人」

塞爾斯岩刻
（法國夏朗德省）

這種用圓雕手法創作的岩刻比繪畫更罕見。它就這樣裝飾在洞口，並長期暴露在風吹日曬之下。

拉科洞窟繪畫
（法國多爾多涅省）

人的形象很少出現在岩畫中，就算有也是難以辨認，而且往往是人身獸頭。

「今人」

獵鹿者的營地

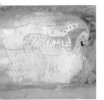

「今人」

在 1萬2千年前，一群獵手在離蒙特羅不遠的塞納河畔紮營。他們故意在河流的淺水處附近搭起帳篷，因為野獸通常在這裏涉水而過。從盛夏到嚴冬，帳篷就這樣搭在淺灘上。附近有兩條人走的

通道，洪水能沒過淺灘。帳篷呈圓錐形，底面直徑3公尺左右。它其實是用皮革蒙在若干樹枝上撐開而成，這樣裝卸搬動都很方便。在帳篷入口的不遠處是灶區，它用扁平的大石塊圍成一圈。帳篷裏面的地面用

赭石染成紅色，赭石是他們天天使用到的材料。一位獵手坐在離火堆不遠的大石塊上，正在用穿孔棍扳直一支馴鹿角。另一位獵手坐在他旁邊打製燧石。在彭賽房，人們曾發現過打製燧石後留下的殘屑，它顯示不同的人技藝水平差距有時會很大，人們能區別出兒童或初學

者的笨拙練習。

灶火裏總是放著幾塊砂岩或石英岩。這樣，有需要的時候，入夜後容器盛上水，放入燒熱的石塊，水很快就會煮開。要維持燃燒就得不斷續柴，或者放入帶有脂肉的骨頭。在一個帳篷前的灶頭裏，一位女性用馴鹿的肩胛骨當鏟，正把灰爐往外搯。灰爐隨手倒在離帳篷口幾公尺遠的地方。男子有時也獵取馬或野兔，但是最主要的獵物是馴鹿。他們的武器是投槍，槍尖用鹿角製作，槍身還用樹脂粘著燧石刀片，這樣可以加強穿刺力。捕殺的獵物在離帳篷很遠的地方被肢解，只有一部份材料，如肉、皮、腱肌和骨頭等才帶回來，骨頭將在大砧板上砸碎取髓。一頭大野獸由大家均分，因此，同一頭野獸的殘骸往往散布在數個灶頭之中。

81

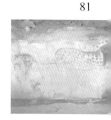

「今人」

冰期結束

箭鏃

在新石器時代*，箭鏃尤其豐富。時代雖然已進入最初的農耕階段，但狩獵在經濟生活中仍占重要位置。它們也是重要的戰爭武器，有時在人的遺骸中也能發現（見p. 19）。

82

「今人」

中石器時代*的獵人

將近一萬年以前，最後一次冰期*結束。起先氣候變幻不定，但隨後漸趨平緩，地球環境終於變成類似今天的模樣。在歐洲，冰原被綿延不絕的森林取代。那些已經適應冰原環境的動物不是向北遷徙，就是消失；而在舊石器時代*末期那些已經慣於獵捕馴鹿的人們，則面臨著世界劇變。

再過幾個世紀，一小群一小群手持弓箭以捕殺鹿和野豬為主的獵人，在我們的原野上出現了。在他們的武器中，有用燧石或細晶石製造的小箭鏃，以及用木頭、骨頭和燧石混合製成的武器。箭鏃是如此之小，經常長不到一公分。用一公斤燧石加工成箭鏃再製成箭，數量之多，其長度接近 100 公尺！除箭以外，人們還找到砍伐樹木和加工木材的工具，而森林則遍布原野。從這個時代起，一些用容易損壞的材料，譬如木材製成的器具，一直流傳到今天，其中有弓、箭和用整段樹幹挖成的獨木舟等。

最初的農民

在最後一次冰期的末期，某些人群放棄了獵手——採集者的角色，轉而成為耕種——飼

蘇美爾文字板
（近東）

文字的發展與階級嚴明的社會發展緊密相連，並且以生產形式的演變和城市雛形的誕生為基礎。在近東、中國和中美洲，都曾獨立地出現了文字。

養者。這場革命是一萬年之前，在近東「富饒的新月地區」首先發生的。

隨後的數千年間，我們看到，從以色列到敘利亞和伊拉克北部的這一廣大地區，發生了徹底轉向農業的一連串變化。山羊，接著是綿羊，被人類馴化了，以後還有豬和牛。陶器文化開始興起，人們稱這一切為「新石器時代*」文化。

藉著移民的傳播，新文化如同波浪般地向外擴散，大約在六千年之前，新石器文化傳抵西歐。再往後，冶金術和文字在伊朗的眾城邦國家出現。我們於是告別史前時代，開始進入歷史時代。

距今1萬到1萬2千年間，在近東地區出現一些村落，獵人們開始定居並採集野生糧食作物。拿多菲人*馴化了狗，在他們墳墓中往往也葬有這一人類忠實伴侶的遺骸。這場革命在其它地區，譬如在7千年前的遠東和在5000年前的中美洲，也同樣獨立地進行著。

「今人」

今人種種

從南方猿人*到智人，我們觀察了人類進化的過程，並且看到人類漸漸地占據全球，開始在越來越多樣化的環境裏紮根。他們所掌握的技術日趨複雜，即便在那些甚為惡劣的環境裏，他們也能適應。人類經歷了自然選擇的考驗，他們的體貌受外界條件的影響而起變化。外界條件有多種，氣候是其中之一。

正因為如此，人類膚色取決於所處地區的日照量。深色皮膚的人不光在非洲有，在澳大利亞、大洋洲甚至在中美洲也有。形體特徵的這種變化，與人類進化的過程比起來，相對來說是快的。美洲的印第安人源於西伯利亞，原先屬淺色皮膚，但僅僅萬把年的功夫，膚色就適應環境而改變過來了。

繼承先人的特點？

現代人種的多樣性受制於兩種機制的複合作用：首先有自然選擇規律，其次為在地理上相對隔絕的人群的偶然變異。這種演化是在近期發生的，不過也不排除若干現代人群，尤其是居住在亞洲和澳大利亞的居民，有繼承史前時代祖先特徵的可能。這個觀點也是人類學*上爭論最激烈之處。

84

「今人」

亞馬遜河流域的印第安人，巴西

韓國人（亞洲）

布希曼的婦女，喀拉哈里沙漠

挪威人（歐洲）

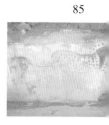

「今人」

史前人類年表

時代				年（距今）	人類化石
第四紀	晚期	新石器時代	全新世	0	
			更新世	1萬	
	中期	金屬時代	上新世	4萬	尼安德塔人　現代人
				10萬	智人
		舊石器時代		50萬	直立奧其人
		中石器時代		1百萬	
				2百萬	
第三紀	早期			3百萬	能人　非洲南猿
					阿法倫西非洲南猿
				6百萬	

86

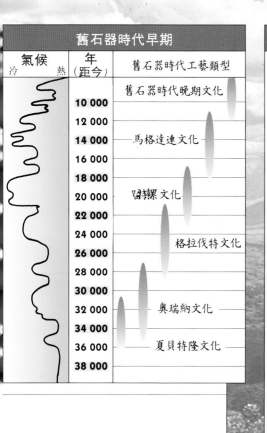

舊石器時代早期		
氣候 冷 熱	年 (距今)	舊石器時代工藝類型
		舊石器時代晚期文化
	10 000	
	12 000	
	14 000	馬格達連文化
	16 000	
	18 000	
	20 000	梭魯特文化
	22 000	
	24 000	
	26 000	格拉伐特文化
	28 000	
	30 000	
	32 000	奧瑞納文化
	34 000	
	36 000	夏貝特隆文化
	38 000	

粗壯型南猿

鮑氏南猿

斯杜斯南猿

文字誕生

3500年

藝術出現

40000年

90000年
埋葬首次出現

500000年
學會用火

最初的工具
250萬年

雙足性
500萬年

補充知識

87

拉科洞窟油燈
放進油脂，再加一根燈芯：光明即刻來臨！

取火

在人們的想像中，取火的方式不勝枚舉，似乎史前人類最常用的方法是取兩塊燧石互相撞擊，實際上這是行不通的。用燧石打擊硫化鐵礦石反而能產生火星。我們知道，史前人類的「打火機」用的就是這種石頭。史前獵人——採集者最常用的技術——也是最簡單的技術——是鑽木取火或鋸木取火：取一根硬木棍，用雙手猛烈旋轉（也可以借助弓弦旋轉），木棍的尖端頂在一塊乾燥的軟木板上。劇烈的摩擦產生火星，用嘴一吹就能點燃。引燃物可以是細木枝、動物的絨毛或者火絨絲（一種乾燥的真菌絲）。

88

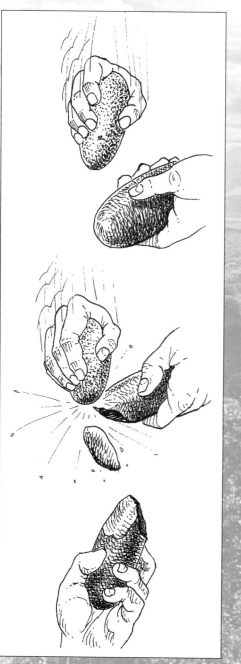

火的大戰

這部影片根據羅斯尼(Rosny)的著名小說改編,它大概是描寫史前人類生活最有名的故事片,當然,難免想像多於科學。與連環畫或文學作品類似,影片著力描寫史前人類的理想追求。對於喜歡幻想的人來說,陌生的史前世界無疑是想像的福地了。

石器加工

最常用的原料是燧石。用一塊硬石打擊卵石的扁平面,方向要直,這樣就很容易打下一片石屑。再對「石屑」加工,打擊它的邊緣,更多更細小的石屑被打下來,大的石屑於是就漸漸變成矛尖、刮刀、劃刀等等。還可以對卵石作兩面加工,即先打製一面再打製另一面,有意識地將它打製成雙面燧石器(見p. 54)。

補充知識

埃齊德雅克

國立史前人類博物館位於史前史「福地」的中心。佩里戈地區擁有全世界最豐富的史前遺址和藝術洞窟，其中有相當多的景點對外開放，每年夏季，旅遊者紛紛來到這裡。多種修繕和擴展計劃正在不斷實施，不過，並非所有的藝術洞窟都對外開放：有的是入口很小，但更主要的原因是擔心頻繁的參觀將對脆弱的岩壁畫造成難以彌補的損失。有鑒於此，就拉科洞窟而言，已經建造了一座十分逼真的仿製洞窟，供遊客參觀。

北

北海

英國　霍克斯納

克拉克頓濱海區

斯萬斯康貝

芒什海峽

荷蘭

德國

尼安德塔

比利時

斯比

布爾亞克　昂吉斯
拉諾列特

毛埃爾

斯坦海姆

法國

索留特累

瑞士

雷齊地區
勒古圖　拉科
勒莫斯蒂埃
拉費拉西　維扎爾河
拉米戈克
洛日里　雷齊地方:
巴多洞
巴特古勒
克羅馬農
多爾多涅河　貝施特拉扎
10km

聖西賽爾

馮特歇瓦德　夏特貝隆

拉歇茲　拉紀拿

拉夏貝爾奧聖

齊哈

萊斯卡爾

義大利

阿爾塔米拉
居瓦莫蘭

奧瑞納
蒙莫蘭　馬大吉爾

阿拉戈

臺拉阿馬達
瓦羅奈特
拉扎列特

阿塔布爾查

西班牙

地中海

○ 舊石器時代早期與中期
● 舊石器代晚期

100km

補充知識

歐洲舊石器時代*的主要遺址

本圖顯示最著名的舊石器時代遺址。其中有的正在發掘，有的已久負盛名。所有遺
址都受到嚴格的保護。幾乎每年都有新的發現，但是像舍凡洞窟（阿德施省）那樣
舉世震驚的發現畢竟極為難得（1994年，見下圖）。

參考書目

M.-P. Perdrizet,史前人類(*Les Hommes de la Préhistoire*), Hachette-Jeunesse, 1982.

H. de Saint-Blanquat,最初的人類(*Les Premiers Hommes*), Casterman, 1985.

L.-R. Nougier,從史前人類到克羅馬農人的時代(*Avec les hommes préhistoriques au temps de Cro-Magnon*), Nathan, 1988.

N. Merriman, P. Wilkinson,最初的人類(*Les Premiers Hommes*), Gallimard, «Les yeux de la découverte», 1989.

C. Cohen, J.-J. Hublin, Perthes的屠夫(*Boucher de Perthes*), Belin, «Un savant, une époque», 1989.

F. Facchini, 人類，她的起源(*L'Homme, ses origines*), Flammarion / Père Castor, 1990.

W. Julie,史前史的故事(*Le Livre de la Préhistoire*), Gallimard, «Découverte cadet», 1990.

E. Buffetaut, J.-J. Hublin,史前的動物(*Les Animaux préhistoriques*), Nathan, «Questions-réponses junior», 1990.

A. Bernard, M. Patou-Mathis, 史前的菜肴(*La Cuisine préhistorique*), Fanlac, 1992.

P. Picq,露西與最初的人科(*Lucy et les premiers hominidés*), Nathan, «Monde en poche», 1993.

H. Thomas,在人類之前的人(*L'Homme avant l'homme*), Gallimard, «Découvertes», 1994.

G. Petter, B. Senut,露西的復原(*Lucy retrouvée*), Flammarion, «Histoire d'un jour», 1994.

小說

M. Peyramaure,毛象山谷 (*La Vallée des mammouths*), Gallimard, 1980.

Joseph-Henri Rosny aîné, 火的戰爭(*La Guerre du feu*), Le Livre de poche, 1980.

R. Lewis,為什麼我吃我的父親(*Pourquoi j'ai mangé mon père*), Actes Sud, 1994.

J.-M. Auch,大地的小孩 (*Les Enfants de la terre*), 5 vol., Pocket, 1994.

電影

耶穌之前的100萬年(*Un million d'années avant Jésus-Christ*), réal. D. Chaffey, 1966.

火的戰爭(*La Guerre du feu*), J.-H. Rosny aîné, réal. J.-J. Annaud, 1981.

連環畫

火的戰爭(*La Guerre du feu*), Marcello / Borel, GP Rouge et Or.

Rahan, Chéret / Zam / Roméro / Lecureux, éd. Vaillant.

Tounga, série préhistorique, Aidans, éd. Lombard.

博物館

人類博物館(Musée de l'Homme), place du Trocadéro, Paris.

國立古代文物博物館(Musée des Antiquités nationales), Saint-Germain-en-Laye (Yvelines).

伊爾・德・法蘭西史前博物館 (Musée de Préhistoire d'Île-de-France), Nemours (Seine-et-Marne).

Tautavel的史前博物館(Musée de Préhistoire de Tautavel) (Pyrénées-Orientales).

Archéodrome de Beaune (Autoroute A6).

Parc de Tamara (Somme).

國立史前博物館(Musée national de Préhistoire), Les Eyzies-de-Tayac (Dordogne).

拉科洞窟(Grotte de Lascaux), Montignac (Dordogne).

Musée du site de l'abri Pataud (Dordogne).

補充知識

本詞庫所定義之詞條在正文中以星號 (*) 標出，以中文筆劃為順序排列。

二　劃

人科(Hominidés)
靈長類動物所屬之科，人類即歸屬於此。

人類古生物學(Paléontologie)
研究人類化石的科學，人類古生物學專門研究人類的起源和演變。

人類學(Anthropologie)
研究人類的科學。

三　劃

上新世(Pliocène)
第三紀的最後階段，距今約170萬至550萬年。

工藝(Industrie)
製作工具及有關技術的綜合體，用以稱呼史前階段的各不同時期，有時也指稱明確的地理範圍。

四　劃

中石器時代(Mésolithique)
介乎舊石器時代與新石器時代的階段，在最後一次冰期之後。

中新世(Miocène)
第三紀時期，位於上新世之後，距今約500萬至2500萬年。

化石地層(Gisement)
古生物學術語，此指含有化石的地層。

化石層積層(Fossilifère)
指含有化石的一處或一層地層。

五　劃

北京人(Sinanthrope)
直立猿人中的一支，在中國周口店發現。

古人類學(Paléoanthropologie)
人類學中研究人類化石的學科。

玉石(Céraunie)
指史前時代的某些石製工具，古人曾誤認為由雷擊造成。

生態學(Écologie)
研究動物與其生存環境之間關係的科學。

六　劃

全新世(Holocène)
係第四紀之時期，自最後一次冰期起算（距今一萬年）。

冰期(Glaciation)
第四紀時的寒冷時期，以高緯度地區和高原上冰蓋發達為特點。

地質學(Géologie)
研究地球及其岩石圈的科學。

考古學(Archéologie)
研究古代文化的科學。

七　劃

更新世(Pléistocène)
第四紀時期，早於全新世，距今約1萬至170萬年。該時期中冰期與間冰期頻繁地交替出現。

八　劃

兩足性(Bipédie)
以雙足站立與行走的特性。

拋投器(Propulseur)
木製或骨製工具，以使拋製箭石更有力。

東非人屬(Zinjanthrope)
指在東非發現的粗壯型南方古猿。

直立猿人(Pithécanthrope)
指在爪哇島發掘出土的直立猿人化石。第一具標本於1891年被一位年輕的荷蘭醫生E・杜布瓦發現。此後，該詞使用日廣，有時也用作「直立人」的同義詞。

阿布維爾文化(Abbevillien)
指舊石器時代早期工藝，因在法國阿布維爾（索姆省）的發掘而得名。以粗加工的燧石為代表。

阿舍利文化(Acheuléen)
繼阿布維爾文化之後的舊石器時代早期工藝，燧石器製作已較為改進。名稱源自法國亞眠（索姆省）附近的聖－阿舍利地區。

九　劃

南方古猿(Australopithèques)
指在非洲南部和東部發現的人科化石。距今約二百萬至六百萬年。它們是現代人類的真正起源。

科(Famille)
「屬」之上的生物分類單位。

十　劃

拿多菲人(Natoufiens)
新石器時代居住在近東地區的居民。

格拉伐特文化(Gravettien)
繼奧瑞納文化之後的舊石器時代晚期工藝，因在法國格拉伐特洞穴（多爾多涅省）的發掘而得名。

索留特累文化(Solutréen)
舊石器時代晚期之工藝，名稱源於法國索留特累化石地層（索恩－羅瓦爾省），它晚於馬格達連文化但早於格拉伐特文化。該時期被認為是燧石器製作的頂峰階段。

小小詞庫

93

馬格達連文化(Magdalénien)
舊石器時代晚期工藝，名稱源於法國馬格達連（多爾多涅省）地方的發掘，出土物中骨器數量甚多。

十一劃

採石坑(Ballastière)
採集因沖積而聚合的砂石之石坑。

第三紀(Tertiaire)
地質紀年中的第三時期，距今約170萬至6500萬年。本時期中哺乳動物開始發展。

第四紀(Quaternaire)
地質紀年中的第四時期，距今約170萬年，還可再細分為更新世和全新世。

細胞(Cellules)
活體組織構成的基本單位。

莫斯特文化(Moustérien)
舊石器時代中期之工藝，與尼安德塔人及最早之今人有關。

蛇舌簇(Glossopètre)
指古代以燧石製作的箭之尖頭，字面直譯為「殭化的蛇舌」。

十二劃

進化論者(Évolutionniste)
贊同生物在不斷演化理論的人，與「固定論者」相反。

間冰期(Interglaciaire)
兩個冰期之間溫和的或偏暖的時期。

十三劃

奧勒杜威工藝(Oldowayen)
最原始的石器工藝，用石片或燧石打擊製成。名稱源於坦尚尼亞奧勒杜威化石地層。

奧瑞納文化(Aurignacien)
指舊石器時代晚期出現在歐洲的最初工藝，得名於法國奧瑞納（上加隆省）地層的發掘。它也是克羅馬農人出現的標記。

新石器時代(Néolithique)
石器時代的最後階段，早於金屬時代，以農業發展為特點。

十四劃

碳14(Carbone 14)
碳放射性同位素，藉著測定骨質化石中或木炭中殘留的該同位素含量，即可推算出其地質年齡。

十八劃

舊石器時代(Paléolithique)
史前階段最古老和最長的時期，至全新世初才結束。在這一時期人類處在狩獵和採集狀態。

雙面燧石器(Biface)
燧石工具，係雙面打擊琢磨而成，通常呈杏狀，長10-15公分，為舊石器時代早期的製品。

二十一劃

屬(Genre)
「種」之上的生物分類單位。

二十四劃

靈長目動物(Primates)
哺乳綱屬下之分類，人、猿即屬此目。

二十八劃

鑿(Burin)
燧石工具，一端斜面呈刃狀，短而牢固，用以加工骨器。

所標頁碼為原書頁碼,從粗體號碼的書頁裡可以歸納出該詞完整的意思。

二 劃

人科(Hominidés) 15, 42, 44, 93
人類學(Anthropologie) 51, 64, 65, 69, 84, 93
刀(Couteau) 55

三 劃

上新世(Pliocène) 86, 94
刃口(Lame) 55, 70, 71, 81
叉(Harpon) 72-74
土著,當地人(Aborigènes) 27, 29
大洋洲(Océanie) 84
大草原(Steppe) 25, 56, 82
大猩猩(Gorilles) 37
大頭棒(Massue) 27, 45
女神像(Vénus) 76, 78
山羊(Chèvre) 83
工具(Outils) 6, 8, 10, 12, 14, 17, 20, 22, 26, 28, 37, 43-45, 48, 49, 54, 55, 58, 66, 70, 71, 76, 82, 87, 88
工藝(Industrie) 20, 26, 28, 51, 54, 55, 58, 64, 66, 93
弓(Arc) 27, 73, 82

四 劃

中石器時代(Mésolithique) 82, 94
中國(Chine) 52, 55, 83
中新世(Miocène) 94
今人(Homme moderne) 52, 58, 64-86
化石(Fossiles) 7, 8, 10-12, 17-19, 22, 50, 93
天然石器(Éolithe) 44
太平洋(Pacifique) 69
巴西(Brésil) 85
巴東(神父)(Bardon (abbé)) 60
巴勒斯坦(Palestine) 58, 64

扎發拉亞人(Zafarraya) 66, 67
文字(Écriture) 83, 87
日射(Insolation) 84
月桂葉形打擊石器(Feuille de laurier) 71
比利時(Belgique) 9
比亞施-聖-瓦斯特 (Biache-Saint-Vaast) 12
毛象(Mammouth) 9, 24, 56, 75, 78
火(Feu) 52, 53, 71, 74, 80, 81, 87, 88
火絨(Amadou) 88
爪哇(Java) 22, 50
牛(Bœuf) 83

五 劃

以色列(Israël) 58, 60, 64, 65, 83
北京(Pékin) 55
北京人(Sinanthrope) 55, 94
卡夫扎赫(Qafzeh) 64, 65
卡伯韋人(Kabwe (homme de)) 13, 19
古人類學 (Paléoanthropologie) 84, 94
古生物學(Paléontologie) 9, 11, 12, 16-18, 20, 41, 42, 44, 50, 56, 68, 94
尼安德塔人(Néandertal (homme de)) 8, 9, 11, 56-61, 64-68, 70
尼斯(Nice) 52, 53
布希曼人(Boshiman) 85
布依索尼神父(Bouyssonie (abbé)) 60
布拉桑布依女神像 (Brassempouy (vénus de)) 78
布律耶神父(Breuil (abbé)) 77
布斯克(Busk, G.) 9
布爾日瓦神父(Bourgeois

(abbé)) 44
布魯尼格爾(Bruniquel) 73
打琢石器(Pierre taillée) 20, 22, 26, 27, 44
打製爍石器(Galet aménagé) 44, 54, 89
玉石(Céraunie) 6, 93
玉石(Jaspe) 26
生殖(Reproduction) 32, 33, 35
生態學(Écologie) 42, 93
白令海峽(Behring (détroit de)) 69
白鐵礦(Marcassite) 88
皮(Peaux) 70, 80
皮爾頓人(Piltdown (homme de)) 12
矛(Lance) 73
矛(Épieu) 27, 53, 54, 73
石斧(Hache de pierre) 6
石英(Quartz) 26, 44
穴居洞(Ours des cavernes) 20, 56

六 劃

伊拉克(Irak) 58, 83
伊朗(Iran) 83
全新世(Holocène) 11, 86, 93
冰川(Glaciers) 23, 24
冰期(Glaciation) 12, 23, 56, 75, 77, 82, 93
列比格女神像(Lespugue (vénus de)) 78
匈牙利(Hongrie) 52
印度尼西亞(Indonésie) 50
印第安人(Indien) 69, 85
吉瓦羅人(Jivaros) 61
吉拉阿馬達(Terra Amata) 52, 53
地層(Gisement) 12, 14, 15, 19, 22, 41, 42, 50, 61, 93
地層剖面(Coupe stratigraphique) 20
地層層次(Stratification) 29
地質學(Géologie) 7, 12, 21, 93
尖頭(Pointe) 6, 55, 56, 72-74,

索引

82, 86, 89
年代測定(Datation) 12, 21, 41
托拉爾巴(Torralba) 52, 54
托爾庇埃特拉(Torre in Pietra) 52
考古學(Archéologie) 8, 12, 93
肉(Viande) 43, 45, 81
肉食性(Carnivore) 23, 56
自然選擇(Sélection naturelle) 32-35, 84
西伯利亞(Sibérie) 69, 84
西班牙(Espagne) 52-54, 66, 67
西爾采峰(Mont Circé) 61

七 劃
克拉比那(Krapina) 61
克拉頓濱海區 (Clacton-on-sea) 54
克羅地亞(Croatie) 60
克羅馬農人(Cro-Magnon) 66, 74
冶金(Métallurgie) 83
含化石地層(Fossilifère) 23, 93
更新世(Pléistocène) 29, 86, 94
沙尼達(Shanidar) 58
沈積物(Sédiment) 10, 14, 22, 29
灶(Foyer) 29, 52-54, 57, 71, 80, 81
育空山脈(Yukon) 69
角(Corne) 45

八 劃
亞洲(Asie) 23, 51, 52, 54, 69, 84, 85
亞馬遜流域(Amazonie) 85
兩足性(Bipédie) 36, 37, 48, 87, 93
刮削器(Grattoir) 29, 55, 70, 89
刮削器(Racloir) 55, 58, 89
取石坑(Ballastière) 9, 93
咀嚼(Mastication) 40, 48
周口店(Choukoutien) 52, 55
坦尚尼亞(Tanzanie) 36
宗教(Religion) 78

尚塞拉德人(Chancelade (homme de)) 19
拉科洞窟(Lascaux) 79, 88, 90
拉埃多利(Laetoli) 36
拉夏貝爾奧聖村 (Chapelle-aux-Saints (la)) 57, 60
拉馬克(Lamarck, J. B.) 7, 33
拉諾列特洞(Trou de la Naulette) 9
披毛犀牛(Rhinocéros laineux) 9, 24, 56, 58
拋擲器(Propulseur) 72-74, 94
放射性(Radioactivité) 32
昂布羅那(Ambrona) 52
昂吉斯(Engis) 9
服裝(Vêtements) 74
東方(Orient) 84
東非人屬(Zinjanthrope) 45, 94
果蠅(Drosophile) 32
武器(Arme) 66, 70-73, 76, 82
河馬(Hippopotame) 43
法蘭西(France) 52, 57, 66
物理學家(Physicien) 21
狗(Chien) 83
狗(Hyène) 43, 45, 56, 61
直布羅陀(Gibraltar) 9
直立人(Homo erectus) 42, 48-55, 69, 86
直立猿人(Pithécanthrope) 11, 22, 94
肯亞(Kenya) 39
舍凡岩窟(Chauvet (grotte)) 91
花粉(Pollen) 23
花崗岩(Granit) 81
近東(Proche-Orient) 6, 50, 58, 64, 65, 83
金屬時代(Âge des métaux) 6, 86
阿布維爾文化(Abbevillien) 93
阿拉斯加(Alaska) 69
阿舍利文化(Acheuléen) 93
阿爾塔米拉洞窟(Altamira) 77

阿穆德(Amud) 58
非洲(Afrique) 11, 20, 36, 37, 39, 41, 42, 48, 50, 52, 64, 65, 68, 84

九 劃
南方古猿(Australopithèques) 36, 38-45, 48, 84, 86, 87, 93
帝汶(Timor) 69
施梅靈(Schmerling, P.-C.) 8
染色材料(Matière colorante) 26, 29
染色體(Chromosome) 32
查爾斯·達爾文(Darwin, Charles) 7, 33
查爾斯·達遜(Dawson, Charles) 12
狩獵(Chasse) 25, 27, 71, 73, 76, 80-82, 88
砂岩(Grès) 26, 81
科(Famille) 42, 93
穿孔棒(Bâton percé) 76, 80
突變(Mutation) 32
約翰·弗雷爾(Frere, John) 8
美洲(Amérique) 23, 51, 69, 83, 84
英格蘭(Angleterre) 23, 25, 54
革(Cuir) 27, 81
韋特塞卓洛斯(Vértesszöllös) 52
風濕症(Rhumatisme) 19
食物(Alimentation) 37, 39, 42, 56
食腐肉者(Charognard) 43

十 劃
修整器(Retouchoir) 71
剝離表土(Décapage) 14, 29
埃塞俄比亞(Éthiopie) 36, 38, 39
埃齋特亞克(Eyzies-de-Tayac (les)) 90
拿多菲人(Natoufiens) 83, 94
拿撒勒(Nazareth) 64
挪威(Norvège) 85
桑紀朗(Sangiran) 50

格里馬蒂洞窟 (Grimaldi (Grotte de)) 11

格拉伐特文化 (Gravettien) 87, 93

氣候 (Climat) 22, 23, 34, 37, 42, 56, 82, 84

烏克蘭 (Ukraine) 75

特點 (Caractère) 18, 32-34, 36, 37

索留特累文化 (Solutréen) 71, 73, 87, 94

能人 (Homo habilis) 39-43, 45, 86

豺 (Chacal) 43

豹 (Léopard) 42

起源群落 (Population d'origine) 35

馬 (Cheval) 56, 73, 76, 79, 81

馬西亞克 (Marillac) 56

馬格達連文化 (Magdalénien) 14, 72-76, 87, 94

馬茲別克斯坦 (Ouzbekistan) 58

骨 (Os) 10, 14, 16, 27-29, 36, 43-45, 48, 49, 53, 54, 58, 61, 66, 70, 71, 73-75, 76, 81, 82

骨針 (Aiguille) 74, 75

骨齒角文化 (Ostéodontokératique) 44

高加索 (Caucase) 50

十一劃

勒瓦羅伐尖頭 (Levallois (pointes)) 55, 58

基因 (Gène) 32, 35

帳蓬 (Tentes) 80, 81

敘利亞 (Syrie) 83

梅茲利克 (Meziric) 75

祭臺 (Sanctuaire) 76-78

第三紀 (Tertiaire) 23, 44, 86, 94

第四紀 (Quaternaire) 22, 23, 86, 94

細胞 (Cellules) 32, 93

細晶石 (Microlithe) 82

脫氧核糖核酸 (ADN) 34

莫卓凱托 (Modjokerto) 50

莫斯特時期 (Moustérien) 58, 64, 66, 94

蛇 (Serpents) 22

蛇舌簇 (Glossopètre) 6, 93

野牛 (Bison) 56, 77

野兔 (Lièvre) 81

野豬 (Sanglier) 82

陶 (Céramique) 83, 85

雪人 (Yéti) 7

鹿 (Cerf) 73, 82

鹿 (Renne) 9, 22, 24, 53, 56, 72-74, 77, 80-82

鹿角 (Bois) 26, 27, 53, 54, 70, 72-74, 80-82, 88

十二劃

凱巴拉 (Kébara) 60

喀拉哈里 (Kalahari) 85

彭塞萬 (Pincevent) 80

斯比 (Spy) 9

斯瓦特克朗 (Swartkrans) 42

智人 (Homo sapiens) 39, 40, 56, 58, 64, 70, 84, 86

朝鮮 (Corée) 85

氮 (Azote) 56

猶歇爾 (Usher) 6

畫 (Peintures) 26, 77-79

發掘 (Fouille) 12, 14, 15, 20, 29, 91

稀樹乾草原 (Savane) 37, 39, 41, 43

裂谷 (Rift Valley) 41

象 (Éléphant) 54

象牙 (Ivoire) 76, 78

費勒西 (Ferrassie (la)) 57, 61

進化 (Évolution) 7, 33-35, 43, 48, 93

間冰期 (Interglaciaire) 23, 94

雅克·布歇德貝特 (Boucher de Perthes, Jacques) 8, 9

項飾 (Parure) 74, 76

黃鐵礦 (Pyrite) 52

黑猩猩 (Chimpanzé) 37, 43

十三劃

塞納河 (Seine) 23, 24, 80

塞爾斯岩 (Roc de Sers) 79

塔亞西昂 (Tayacien) 94

塔朋 (Tabun) 58

奧勒杜威 (Olduvai) 45, 94

奧莫人種 (Omo) 11, 38

奧瑞納文化 (Aurignacien) 66, 73, 87, 93

新石器時代 (Néolithique) 83, 94

獅 (Lion) 56

猿猴 (Singe) 7, 36

義大利 (Italie) 52, 61

聖經 (Bible) 6

腦 (Cerveau) 36, 39, 40, 48, 57, 61

農業 (Agriculture) 82, 83

達米茲河 (Tamise) 23

達雅克人 (Dayaks) 60

過篩 (Tamisage) 14

鉀 (Potassium) 21

鈾 (Uranium) 21

雷蒙·達特 (Dart, Raymond) 44, 45

電腦 (Ordinateur) 17

頓修底部落 (Dunghutti) 26

十四劃

圖爾卡那湖 (Turkana (lac)) 49

墓地 (Sépulture) 10, 60, 61, 87

碳14 (Carbone «14») 21, 56, 93

種 (Espèce) 11, 18, 22, 32-35, 40, 41, 43, 58

綿羊 (Mouton) 83

聚居地 (Habitat) 12, 14, 22, 29, 35

臺希克-塔施 (Teshik-Tash) 58

蒙特羅 (Montereau) 80

蜥蜴 (Lézard) 22, 43

蝕網 (Insectivore) 22

遠東 (Extrême-Orient) 36, 83

十五劃

索引

97

德國(Allemagne) 8, 25, 54

歐亞大陸(Eurasie) 69

歐洲(Europe) 11, 23, 24, 27, 50–52, 56, 58, 60, 66, 68, 73, 75, 76, 78, 82–85, 91

箭(Flèche) 27, 82

豬(Porc) 83

齒(Dent) 10, 14, 18, 19, 22, 37, 38, 40, 41, 45, 48, 57, 64, 76

十六劃

澳大利亞(Australie) 27, 51, 69, 84

燈(Lampe) 76, 88

獨木舟(Pirogue) 82

貓科動物(Félin) 22

雕刻(Sculpture) 74, 78, 79

頜骨(Mandibule) 9, 11, 20, 22, 40, 45, 48, 50, 66, 75

十七劃

燧石(Silex) 6, 8, 10, 14, 26, 28, 44, 52–54, 70, 71, 73, 74, 80–82, 88, 89

鎚(Percuteur) 54, 71

十八劃

翻模(Moulage) 16

舊石器時代(Paléolithique) 10, 19, 25, 27, 28, 53, 59, 66, 67, 69, 70, 73–76, 82, 94

薩雷女人(Salé (Femme de)) 19

雜食性(Omnivore) 41

雙面燧石器(Biface) 54, 58, 89, 93

齧齒動物(Rongeurs) 22, 43

十九劃

羅道爾夫湖(Rodolphe (lac)) 41

藝術(Art) 76–79, 87

鏢槍(Javelot) 73

鏢槍(Sagaie) 66, 72–75, 81

二十劃

蘇美爾文化(Sumer) 83

二十一劃

屬(Genre) 39, 93

露西(Lucy) 36, 38

二十四劃

靈長目(Primate) 7, 36, 43, 94

齲齒(Carie dentaire) 19

二十五劃

顱骨(Crâne) 8, 9, 17–19, 22, 39, 40, 41, 43, 48, 50, 57, 60, 61, 64

二十七劃

鑽(Perçoir) 70

二十八劃

鑿(Burin) 70, 74, 75, 93

索引

一套專為十歲以上青少年設計的百科全書

人類文明小百科

行政院新聞局推介中小學生優良課外讀物

· 充滿神秘色彩的神話從何而來？
· 埃及金字塔埋藏什麼樣的秘密？
· 想一窺浩瀚無垠的宇宙奧秘嗎？

人類文明小百科
為您解答心中的疑惑，開啟新的視野

EN
SAVOIR
PLUS

人類文明小百科

1. 歐洲的城堡
2. 法老時代的埃及
3. 羅馬人
4. 希臘人
5. 希伯來人
6. 高盧人
7. 樂器
8. 史前人類
9. 火山與地震
10. 探索與發現
11. 從行星到眾星系
12. 電影
13. 科學簡史
14. 奧林匹克運動會
15. 音樂史
16. 身體與健康
17. 神話
18. 宗教與信仰

國家圖書館出版品預行編目資料

史前人類 / Jean-Jacques Hublin著;韋德福譯.－－
初版二刷.－－臺北市：三民，2005
　　面；　公分.－－(人類文明小百科)
含索引
譯自:Les hommes préhistor iques
ISBN 957－14－2618－0(精裝)

1.古人類學

799.1　　　　　　　　　　　　　　86005886

網路書店位址　http : // www. sanmin. com. tw

© **史 前 人 類**

著作人　Jean-Jacques Hublin
譯　者　韋德福
發行人　劉振強
發行所　三民書局股份有限公司
　　　　地址／臺北市復興北路386號
　　　　電話／(02)25006600
　　　　郵撥／0009998-5
印刷所　三民書局股份有限公司
門市部　復北店／臺北市復興北路386號
　　　　重南店／臺北市重慶南路一段61號
初版一刷　1997年8月
初版二刷　2005年8月
編　號　S 040081
定　價　新臺幣貳佰伍拾元整
行政院新聞局登記證局版臺業字第○二○○號

ISBN　957-14-2618-0　（精裝）